AF452722

ANCIENNE ET NOUVELLE

COLLECTION DES

TOURS DE MAGIE

LE TRIOMPHE DE LA MAGIE

L'ANCIENNE ET LA NOUVELLE COLLECTION

DES

TOURS DE MAGIE

CONTENANT UN GRAND NOMBRE

DE TOURS DE MAGIE BLANCHE

DÉMONTRÉS ICI POUR LA PREMIÈRE FOIS

Les récréations les plus amusantes avec les cartes,
les expériences les plus curieuses sur la physique, la chimie, la mécanique,
l'air, l'eau, le feu, le gaz, etc., etc.

LA FANTASMAGORIE

Les surprises et illusions les plus agréables, les tours d'équilibre,
d'escamotage et de prestidigitation les plus surprenants,

EN UN MOT

LA SCIENCE MAGIQUE DÉVOILÉE

MISE A LA PORTÉE DE TOUT LE MONDE

Ouvrage destiné aux personnes qui veulent s'amuser et rire en société,
Enrichi de plus de **60** figures pour en faciliter l'exécution,

PAR M. LECOMTE

Membre de la Société amusante de Paris.

La Tête du diable. — Pag. 47.

PARIS

LE BAILLY, LIBRAIRE-ÉDITEUR

Rue Cardinale, 6, faub. S.-Germain.

1860

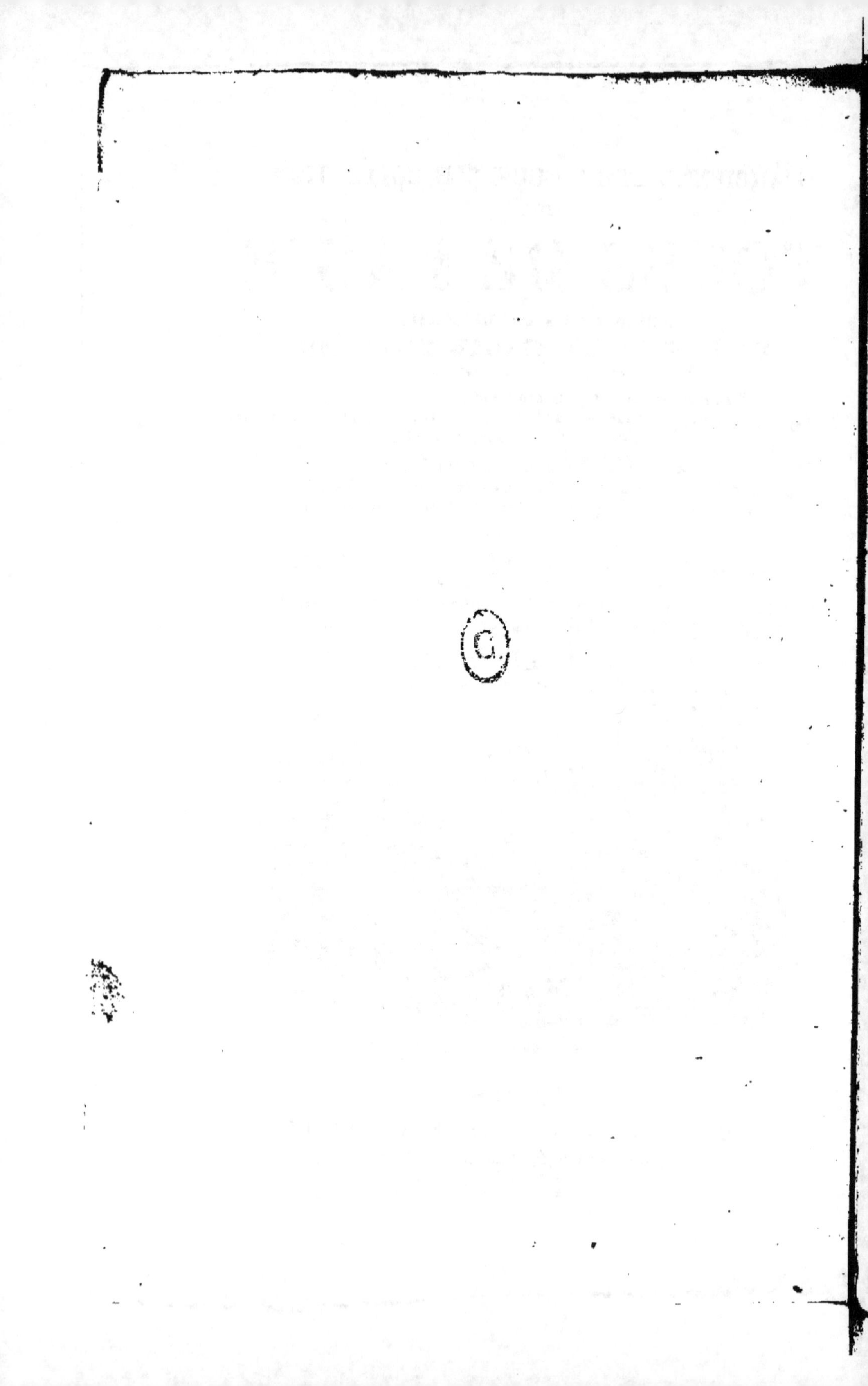

AU LECTEUR!!!

Causeries avant d'entrer en scène.

Magie, sorcellerie, sciences occultes, chimères, folies que tout cela ! Que voulez-vous, absurdes conceptions d'un autre âge? — Voilà comment raisonnent aujourd'hui beaucoup d'hommes qui tiennent à passer pour des esprits sérieux et positifs. Cependant ce qui a lieu autour de nous devrait bien les faire réfléchir.

Quelle époque fut autant que la nôtre féconde en enchantements ? Tant de fortunes rapides, tant de prospérités inouïes, tant de chutes éclatantes, mais tout cela ne dépasse-t-il pas les prodiges de la magie blanche et noire ?

Les évocations de Circé, la baguette d'Armide accomplirent-elles jamais de si prodigieuses transformations? — Oui, les changements opérés dans le monde financier, moral et industriel, tiennent vraiment de la magie ! Et que diriez-vous donc, si nous déroulions à vos regards les prestiges et les merveilles que les esprits pénétrants annoncent dans un avenir peu éloigné ?

Mais, avant de parler de l'avenir, disons quelques mots du passé. Aussi bien, chers lecteurs, et vous charmantes lectrices, mon titre vous annonçait un essai sur la magie, la sorcellerie, la divination : ceci a dû piquer quelque peu votre curiosité, et ce serait mal à moi de perdre un temps précieux en folles divagations. J'entre donc immédiatement en matière.

La magie est une science occulte, à l'aide de laquelle l'homme exerce sur toutes choses un pouvoir surnaturel, un pouvoir égal à celui du diable, si ce n'est à celui de Dieu. — Commander aux éléments, évoquer les âmes, intervertir la marche des astres, se faire obéir des esprits infernaux, telles sont les opérations habituelles des magiciens.

L'origine de la magie se perd dans la nuit des époques primitives. Cette science était si fort en usage avant le déluge, dit la tradition, que c'est pour détruire sa puissance que Dieu envoya un cataclysme universel. La tradition a peut-être tort sur ce point. Aucun passage des livres saints ne prouve que la magie fut pratiquée avant le déluge. Il est écrit dans la *Genèse* que du rapprochement des fils de Dieu avec les filles des hommes naquirent des géants. Mais on ne dit pas qu'ils fussent magiciens.

La magie inventée par Cham (ne pas confondre avec le spirituel caricaturiste de ce nom), et transmise par lui à son fils Misvaïm, est la *magie noire*. Elle est éclose du cerveau des démons, et tire d'eux sa puissance. Mais les anges ont aussi le pouvoir de faire des prodiges. Ils ont révélé les secrets de cet art à Salomon, le plus sage et le plus aimé des rois. Cette magie-là s'appelle *blanche*, par opposition à l'autre. — Telle est l'origine que donnent à la magie los amateurs du merveilleux. Un art qui produit des éffets si surprenants, en dehors des lois de la nature, ne saurait, selon eux, être placé au rang des créations de l'homme.

On serait pourtant fondé à croire, si l'on préférait le témoignage de l'histoire à celui de la tradition, que la magie est une invention purement humaiue. Suivant l'opinion des historiens les plus accrédités, cette science se composait originairement des connais-sances que Zoroastre avait acquises, soit par ses études, soit par ses voyages, et surtout par le séjour qu'il fit dans les Indes, où il s'instruisit à l'école des Brahmines. De retour en Perse, Zoroastre enseigna tout ce qu'il savait à ses adeptes, disciples comme lui du culte du feu, symbole de l'être suprême. Or, comme ses sectateurs s'appelaient *mages*, leur science, qu'ils ne communiquaient point au vul-gaire, s'appella *magie*. Elle se divise en naturelle et en artificielle. Les prodiges que la magie naturelle opérait sont ceux que les chimistes et les physiciens renouvellent tous les jours dans leurs laboratoires. Quant à la magie artificielle, elle ne doit ses presti-ges qu'à l'adresse des gens qui la pratiquent. C'est l'art des escamoteurs, qui, depuis quelques années surtout, a fait de si rapides progrès. Mais que nous font, après tout, les expériences des physiciens et les tours de gobelet exécutés avec plus ou moins d'agi-lité par nos escamoteurs modernes? Allez-vous me dire si nous sommes forcés de les croire émanant du merveilleux, du surnaturel, des démons, des évoca-tions de Faust et de Cagliostro, de la baguette enchantée d'Armide ! Jeux d'enfants que tout cela , vous répondrais-je : les sorciers ne sont plus de nos jours. La magie blanche, a dit un moderne prestidigitateur, n'est plus une fée, elle est devenue une science, et pourtant, chers lecteurs, permettez-moi de causer un instant avec vous , pour vous raconter à l'appui de ce que j'avance, un des épisodes les plus curieux de la vie du célèbre Robert Houdin, durant son séjour à Rome. Il fut admis à donner une représentation devant le pape Pie IX. Ce jour-là, au milieu de sa séance, il parvint, par une suite de petites manœuvres fort habiles, à se faire confier une superbe montre appartenant à un cardinal et à laquelle l'Eminence attachait un très-grand prix : c'était un chronomètre de Bréguet. Il la montra à l'assistance, l'examina, raconta son histoire, vanta sa perfection, en homme extra-compétent (1), et tout d'un coup la laissa choir sur le parquet. Un cri d'effroi s'éleva de toutes parts.

Le cardinal, pâle et tremblant, se leva :

— Monsieur, monsieur ! dit-il avec une colère mal comprimée ; ce que vous faites là est une bien mauvaise plaisanterie.

(1) Avant de se faire prestidigitateur, M. Robert était un habile horloger de Blois, il épousa la fille de M. Houdin, autrefois célébrité dans l'horlogerie de précision, aujourd'hui directeur de la fabrication de la Maison Destouches, rue Saint-Martin, à Paris ; et c'est peu de temps après cette alliance que le célèbre Robert-Houdin se lança dans l'art de la prestidigitation, dont il est aujourd'hui la plus grande gloire.

— Mais Monseigneur, dit M. Robert avec le plus grand calme, il n'y a pas la moindre inquiétude à avoir : je veux seulement prouver à l'assemblée la perfection de cette pièce et montrer à messieurs les Anglais qu'il leur serait impossible d'en fournir une semblable. Soyez, je vous prie, sans crainte ; elle sortira intacte des épreuves auxquelles je la soumets.

En même temps, il appuya le pied sur la boîte qui, criant sous le poids de son corps, se brisa, s'aplatit et ne présenta plus qu'une masse informe.

Pour le coup, Monseigneur faillit se trouver mal ; il retenait avec peine les éclats de son mécontentement. Le pape se tourna alors vers lui.

— Comment, cardinal, vous n'avez donc pas confiance dans notre sorcier ? Quant à moi je ris de cela comme un enfant, persuadé qu'il y a eu une habile substitution.

— Votre Sainteté veut-elle bien me permettre de lui faire observer, dit respectueusement M. Robert-Houdin, qu'il n'y a pas eu substitution ; j'en appelle du reste à Son Eminence, qui voudra bien le reconnaître.

Et il présenta au cardinal les débris informes de sa montre. Il examina avec anxiété, et retrouvant ses armes gravées sur le fond de la boîte :

— C'est bien cela, dit-il en poussant un profond soupir, tout y est. Mais, ajouta-t-il sèchement, je ne sais comment vous vous tirerez de là, Monsieur, en tout cas, vous auriez dû faire ce tour inqualifiable sur un objet qu'il eût été possible de remplacer : sachez que mon chronomètre est unique.

— Eh bien ! Éminence, je suis enchanté de cette circonstance, qui n'aura d'autre résultat que de donner plus de relief à mon expérience. Maintenant, si vous voulez bien m'y autoriser, je vais continuer l'opération.

— Mon Dieu, Monsieur, vous ne m'avez pas consulté pour commencer vos dégâts : agissez à votre guise, vous pouvez faire tout ce que vous voudrez.

On venait d'apporter au prestidigitateur un mortier de fonte muni d'un énorme pilon ; il le fit placer sur une table, y jeta les débris du chronomètre, et se mit à les piler avec acharnement. Tout-à-coup, une légère détonation se fait entendre, et du fond du vase sort une vive lueur, qui, répandant une teinte rougeâtre sur l'assemblée, donne à cette scène l'apparence d'une véritable opération de magie. Pendant ce temps, penché sur le mortier, Robert-Houdin affecte d'y regarder, et se récrie sur les merveilles qu'il y voit apparaître.

Par respect pour le Pape, personne n'ose se lever ; mais le pontife, cédant à la curiosité, s'approche enfin de la table, suivi d'une partie de l'auditoire.

On a beau regarder dans le mortier, on n'y voit que du feu ; c'est le mot.

— Je ne sais s'y je dois l'attribuer à l'éblouissement que j'éprouve, dit Sa Sainteté en passant la main sur ses yeux, mais je ne distingue rien.

M. Robert, lui non plus, ne distinguait rien. Mais,

loin d'en convenir, il pria le Pape de tourner autour de la table, afin de chercher le côté le plus favorable pour examiner le fond du vase : le chronomètre du cardinal est brisé, fondu et réduit en un petit lingot que l'opérateur présente à l'assemblée.

— Maintenant, dit-il, je vais rendre à ce lingot sa forme primitive, et cette transformation aura lieu dans le trajet qu'il va faire d'ici à la poche la moins susceptible d'être soupçonnée de compérage.

— Ah ! ah ! s'écria le Pape d'un ton de joyeuse humeur, voilà qui devient de plus en plus fort. Mais comment feriez-vous, Monsieur le sorcier, si je vous demandais que ce fût dans ma poche ?

— Sa Sainteté n'a qu'à l'ordonner pour que je me conforme à ses désirs.

— Eh bien ! Monsieur, qu'il en soit ainsi.

— Sa Sainteté sera immédiatement satisfaite.

M. Robert prend alors le lingot au bout de ses doigts, le montre à l'assemblée, puis le fait disparaître en prononçant ce seul mot : PASSE !

Le Pape, avec tous les signes de la plus complète incrédulité, porta vivement la main à sa poche. On le voit bientôt rougir d'émotion, retirer la montre qu'il remit tout de suite au cardinal, comme s'il avait craint de s'y brûler les doigts.

Le lendemain, le Pape fit remettre au sorcier une riche tabatière ornée de diamants, en le remerciant de tout le plaisir qu'il lui avait procuré.

Ici, lecteurs, je m'arrête ; car, encore quelques lignes de plus, et vous me demanderiez comment peut s'opérer un semblable prestige. Mais je n'ai nullement l'intention d'anticiper au début, puisque votre indulgence ou votre curiosité vous a conduit jusqu'à cette page, daignez parcourir celles qui vont suivre, et avec un peu d'attention vous serez bientôt, à votre tour, en état de produire des merveilles dans ce genre. Lisez, étudiez, et vous réussirez.

L'AUTEUR.

TOURS DE MAGIE

Parmi les tours d'adresse les plus amusants sont les tours de cartes, dont nous allons d'abord présenter à nos lecteurs une collection choisie. Chaque personne doit convenir que dans le dessein de faire quelques tours d'adresse amusants, pour faire passer une longue soirée d'hiver, et délasser l'âme pendant quelque temps, un jeu de cartes est de première nécessité. Bien que, d'après certains critiques, l'adoption universelle d'un amusement qu'on inventa pour un fou (Charles VI) n'est pas un fait très-avantageux pour la sagesse de l'espèce humaine, nous n'en donnerons pas moins les instructions nécessaires pour produire des effets merveilleux.

La Carte forcée.

Forcer une carte est faire choisir à une personne la carte que vous voulez, pendant qu'elle croit qu'elle en prend une au hasard, ou suivant son inclination. Il est presque impossible de le décrire ; nous allons cependant l'essayer. D'abord, sachez quelle est la carte que vous voulez forcer ; il faut le faire en secret, ou pendant que vous jouez avec les cartes, placez-la, en apparence indifféremment, dans le jeu, mais tenez dessus ou l'œil, on le petit doigt de la main gauche, dans laquelle vous tenez le jeu. Alors priez quelqu'un d'ôter une carte du jeu, ouvrez-les adroitement de la main gauche à la droite, les étendant çà et là pour embarrasser la personne qui choisit. Lorsque vous voyez qu'elle étend la main pour prendre une carte, étendez les cartes jusqu'à ce que vous veniez à celle que vous voulez forcer, avancez-en le coin devant les autres cartes, et qu'elle ne paraisse que lorsque ses doigts atteignent le jeu. La manière d'opérer paraît si naturelle, qu'à moins qu'elle ne sache le secret de forcer, vous pouvez mettre dans sa main la carte qu'il vous plaira sans qu'elle s'en aperçoive. Ayant ainsi forcé la carte, vous pouvez lui dire de la regarder et lui donner le jeu pour le mêler autant de fois qu'elle le voudra ; car, quoiqu'elle fasse, vous pourrez dire toujours naturellement qu'elle elle est. La première chose à acquérir est de faire ce tour adroitement, car sans cela on peut faire peu de tours de maître.

Dire une carte pensée sans la savoir.

Prenez vingt-et-une cartes, et mettez-les en trois tas, les figures en haut, c'st-à-dire, lorsque vous en avez mis trois, recommencez à gauche, et mettez une carte sur la première, et ainsi à droite, recommencez à gauche, et ainsi jusqu'à ce que vous ayez mis les vingt-et-une cartes en trois tas, en même temps, priez quelqu'un de penser une carte. Lorsque vous les avez mises, demandez dans quel tas sa carte est, mettez ce tas au milieu entre les deux autres, ceci fait remettez les cartes comme avant, et dites-lui de remarquer où sa carte va, et mettez ce tas au milieu comme avant. Prenant les cartes, le dos vers vous, ôtez la carte supérieure et comptez-la une, ôtez la suivante, comptez-la deux, et continuez ainsi jusqu'à ce que vous veniez à la onzième, qui sera la carte pensée. Il ne faut jamais les mettre moins de trois fois, mais autant de fois au-dessus de ce nombre que vous voudrez. Ce tour peut se faire sans voir les cartes, si vous les maniez et comptez soigneusement. Pour diversifier ce tour, vous pouvez prendre un nombre de cartes différent, mais le nombre choisi doit être divisible par trois, et la carte du milieu, après les avoir trois fois coupées comme ci-dessus, sera toujours la carte pensée. Par exemple, si on le fait avec quinze cartes, ce sera la huitième, si le nombre est pair, ce doit être la moitié exacte. Par exemple, si on le fait avec vingt-quatre cartes, la carte pensée sera la douzième, etc.

Les Tribus ramassées.

Ayez tout prêt un jeu dont les cartes sont bien arrangées, c'est-à-dire, si le jeu est composé de 52 cartes, chaque treizième doit être arrangée successivement, sans double. Après qu'on les a coupées (mais ne les laissez pas mêler) autant de fois qu'on le veut, faites en treize tas de quatre cartes, les côtés peints en bas, et remettez-les ensemble ; ceci fait, les quatre rois, les quatre reines, les quatre valets, etc., doivent être ensemble.

Le Douze magique.

Priez quelqu'un de prendre un jeu de cartes, mêlez, ôtez la carte du haut, et l'ayant marquée, mettez-la sur la table, la face en bas, et mettez au-dessus autant qu'il en faut pour faire douze avec le nombre de points que la carte a. Ainsi, si la carte tirée est un roi, une dame, un valet ou un dix, dites-lui de mette la carte la face en bas ; l'appelant dix, mettez dessus une autre carte, appelez-la onze, puis une autre que vous appelez douze ; dites-lui alors d'ôter la carte supérieure suivante. Supposons que ce soit un neuf, dites-lui de la mettre sur une autre partie de la table, l'appelant neuf ; mettez dessus une autre carte, l'appelant dix ; puis une autre, l'appelant onze ; ensuite une autre, l'appelant douze. Qu'il prenne alors la carte supérieure suivante, et ainsi de suite, jusqu'à ce qu'il ait fini tout le jeu. S'il y a des cartes à la fin, c'est-à-dire s'il n'y en a pas assez pour faire douze avec la dernière carte supérieure, dites-lui de vous les donner ; alors, pour lui dire le nombre de tous les points contenus dans les cartes du fond des tas, faites ceci : retranchez quatre du nombre de tas, multipliez le reste par quinze, et au produit ajoutez le nombre de cartes restantes qu'on vous donna ; mais s'il n'y a que quatre tas, les cartes restantes seules montrent le nombre de points sur les quatre cartes du fond. Il n'est pas besoin de voir étendre les cartes restantes, s'il y en a ; c'est pourquoi vous pouvez faire ce tour aussi bien dans une autre chambre que si vous étiez là.

Changer une Carte en un Oiseau.

Prenez une carte, et montrez-la à la compagnie lui disant de bien l'observer ; et, ayant un oiseau vivant dans votre manche, tournez votre main soudainement, retirez la carte dans la manche avec le pouce et le petit doigt, et, secouant, l'oiseau viendra de la manche dans la main ; vous pouvez alors le montrer et le laisser voler.

Goutte d'eau qui sert de Compère.

Mettez votre chapeau, et jetez secrètement dessus un peu d'eau de la grandeur d'une pièce d'un franc. Mettez les coudes sur la table à laquelle vous êtes, de sorte que vos manches puissent se rencontrer, et vos mains sur le bord du chapeau. Dans cette posture, votre bras cachera la goutte d'eau à la compagnie. Que quelqu'un mêle les cartes, prenez-les dans vos mains, et mettez une chandelle devant vous (on ne fait ce tour qu'à la chandelle). Alors tenant les cartes dans la main gauche, près de votre tête, de sorte que la chandelle puisse briller dessus, et baissant la tête, vous verrez dans la goutte d'eau, comme dans un miroir, toutes les cartes que vous tenez à la main. Tirez le doigt de la main droite sur chaque carte, comme si vous les sentiez, avant de les nommer et de les mettre sur la table. Ainsi, vous pourrez mettre toutes les cartes sur la table, et les nommer l'une après l'autre sans tourner les yeux vers elles.

Le Tour de force.

Forcez une carte, et quand la personne qui l'a prise la remet, dites-lui de mêler les cartes, regardez-les vous-même, trouvez la carte et placez-là au fond ; coupez-les en deux, donnez à la personne la moitié où est sa carte, et dites-lui de la tenir au coin aussi fort qu'elle peut avec le pouce et l'index ; frappez fort, et toutes les cartes tomberont, excepté celle du fond, qui est la carte choisie. Ce tour est très-curieux, et si on le fait bien, il est vraiment étonnant. Il vaut bien mieux mettre la carte en haut, et tourner les cartes la face en l'air, de sorte que quand vous frappez, la carte de la personne lui restera dans la main, la regardant en face.

La Carte choisie révélée par une Prise de tabac.

Forcez une carte, par exemple, le cinq de trèfle, ayant décrit les mots ou tracé les points sur du papier blanc avec une chandelle. Donnez le jeu à la personne à qui vous avez forcé la carte, dites-lui où il faut la mettre, et mêlez le jeu comme il lui plaît. Demandez du tabac, mettez-le sur la feuille, soufflez les grains libres, et le reste s'attachera aux endroits que le suif a touchés. Le papier, s'il est graissé légèrement avec la chandelle, ne paraîtra pas avoir de marques dessus. Nous devons ce tour à un professeur célèbre (1), et il est vraiment très-bon.

Carte tirée et clouée au Mur.

Poussez un clou pointu et plat dans une carte; forcez-en une semblable à quelqu'un, mettez-la dans le jeu, faites-la tomber et ramassez la carte clouée; placez-la au fond du jeu, prenez-le dans la main droite, et jetez-le le fond devant contre une porte ou une boiserie, la carte clouée sera fixée, et les autres tomberont. Ayez soin de placer le clou de manière que lorsque la carte est clouée on en voie le devant ; mettez le dos de la carte en dehors, la plaçant face à face avec les autres, lorsque vous la mettez au fond du jeu.

La Carte dans l'œuf.

Pour faire ce tour étonnant, ayez deux bâtons biens pareils ; l'un de ces bâtons doit être fait de manière à cacher une carte au milieu. Pour cela, il doit être creux de part en part, et avoir un ressort pour jeter l'œuf dedans quand on veut. Voici l'opération. Pelez une carte, roulez-la, mettez-la dans

(1) Feu M. Comte, physicien du roi.

le faux bâton, et laissez-l'y jusqu'à ce que vous ayez l'occasion de vous en servir. Prenez un jeu de cartes, que quelqu'un en tire une ; mais que ce soit la même carte qui est dans le bâton creux. On fait ceci en forçant. La personne qui l'a choisie la remet dans le jeu, et pendant que vous mêlez, laissez-la tomber, demandant alors quelques œufs. Priez la personne qui tira la carte ou quelqu'un de la compagnie de choisir un œuf ; lorsqu'elle l'a fait, demandez-lui s'il y a quelque chose dedans, elle répondra que non. Prenez l'œuf dans la main gauche, et le bâton creux dans la main droite, cassez l'œuf avec le bâton, laissez aller le ressort, et la carte entrera dans l'œuf. Vous pouvez alors la montrer aux spectateurs ; mais cachez le bâton creux et mettez le bâton solide sur la table, pour qu'on l'examine.

La Carte trouvée dans un Noyau de Cerise.

Faites un trou dans la coquille d'une noix ou un noyau de cerise, et aussi dans l'amande, avec un poinçon chaud, ou percez avec une alène ; et avec une aiguille ôtez l'amande, de sorte que le trou est aussi grand que celui de la coquille. Ecrivez le nom de la carte sur un papier blanc, roulez-le bien. Mettez-le dans la noix ou le noyau de cerise ; fermez le trou avec un peu de cire, et couvrez-le d'un peu de poussière, ainsi on ne le verra pas. Alors, pendant que quelqu'un tire une carte, dites : « Prenez la carte que vous voudrez. » Et si vous maniez bien les cartes, vous lui donnerez et il recevra la même carte que celle qui est enfermée dans la noix. Donnez-lui la noix et un casse-noisette, et il trouvera le nom de la carte qu'il aura tirée enfermée dans son amande.

La Carte dans le Miroir.

Ayez un miroir rond, dont la bordure doit être au moins aussi grande qu'une carte. Le verre du centre doit se mouvoir dans deux coulisses, et il faut ôter un morceau de mercure de la grandeur d'une carte. Il faut aussi que le verre soit plus grand que la carte. Collez sur l'endroit où le mercure est ôté une carte qui remplit exactement l'espace. Le miroir doit être placé contre une cloison, par laquelle deux cordes passent à un compère dans la chambre voisine, qui meut aisément le miroir dans les coulisses, et fait ainsi paraître et disparaître la carte à loisir.

Tout étant ainsi prêt, faites tirer à quelqu'un la même carte que celle qui est dans le miroir, et placez-la au milieu du jeu : faites la passe, et mettez-la au fond. Priez la personne de regarder sa carte dans le miroir ; et le compère, caché derrière la cloison, doit la pousser lentement en avant, et elle paraîtra placée entre le verre et le mercure. Pendant qu'on avance le verre, ôtez la carte du fond du jeu et jetez-la à bas : la carte collée au miroir se change aisément chaque fois qu'on fait ce tour. Cette récréation peut aussi se faire avec une image qui a un verre devant et une bordure d'une largeur suffisante, en faisant une coulisse dans la bordure, dans laquelle la carte doit passer ; mais l'effet ne sera pas si frappant que dans le miroir.

La Carte marchant.

On prie quelqu'un de la compagnie de tirer une carte, qu'on mêle ensuite avec le jeu, et à qui l'on ordonne de paraître sur le mur ; elle obéit aussitôt. avançant quand on le lui commande, et décrit une ligne inclinée de droite à gauche. Elle disparaît au haut de la chambre et reparaît en suivant une direction horizontale. Pour faire ceci, forcez une carte. Après avoir mêlé le jeu, retirez en secret la carte forcée, et montrez le jeu à la compagnie pour qu'on voie qu'elle n'y est plus. Lorsque vous lui ordonnez de paraître sur le mur, un compère tire adroitement un fil au bout duquel est attaché une carte semblable qui vient de derrière un verre ; elle est attachée par des fils très-minces à un autre fil bien tendu, sur lequel elle fait la route qu'on vient de décrire.

Le Cœur enterré.

On peut faire une déception curieuse en découpant proprement et rasant légèrement le dos d'un trèfle, qu'on colle légèrement sur un as de cœur. Après avoir montré à quelqu'un la carte, faites-lui en tenir un bout et tenez l'autre ; et pendant que vous causez avec lui, ôtez le trèfle. Alors, mettant la carte sur la table, dites-lui de la couvrir de ses mains. Frappez sous la table, et ordonnez au trèfle de se changer en l'as de cœur.

Les Aveux amoureux.

Ecrivez sur trente-deux cartes les lettres indiquées par la table qui suit, c'est-à-dire que chaque carte ait, à chacun de ses angles, une lettre de la première colonne, et à l'angle opposé une lettre de la seconde colonne comme le montre la figure 1.

Ayez bien attention de placer dans le même sens les lettres qui appartiennent à chaque colonne, et rangez-les dans l'ordre que voici :

Cartes.	1re colonne.	2e colonne.
1.	M	S
2.	E	M
3.	A	E
4.	I	B
5.	Z	E
6.	V	J
7.	O	E
8.	E	I
9.	M	H
10.	U	N
11. Carte large	S	I
12.	O	V
13. Carte longue.	E	S
14.	B	A
15.	U	O
16.	Y	U
17.	I	P
18.	F	O
19.	H	U
20.	E	P
21.	V	S
22.	O	A
23.	L	M
24.	L	F
25.	U	D
26.	S	D
27.	A	A
28.	B	Z
29.	E	V
30.	J	O
31.	M	B
32	E	E

Vos cartes étant disposées ainsi, faites remarquer que les lettres y sont pêle-mêle et sans liaison. Pour cet effet, ouvrez le jeu en éventail, en tenant le pouce sur la lettre qui est au bas de la carte de dessous, pour qu'on ne s'aperçoive point que les cartes portent une double lettre. Vous adressant alors à un jeune homme de la société, dites-lui que vous allez savoir s'il a de l'inclination pour telle demoiselle et s'il est payé de retour. Exécutez un faux mélange et coupez à la carte large. Etalez la partie du jeu que vous enlevez en coupant, en observant toujours de ne pas laisser voir les lettres qui sont à l'angle inférieur, et on trouvera que l'assemblage des lettres présente cette question : *Belle Hébé m'aimez-vous ?* Ouvrez ensuite les cartes qui sont restées sur la table, on y lira : *Oui, je vous aime.* Remettez les deux parties du jeu l'une sur l'autre, et surtout dans le même sens ; tenez cette fois-ci les cartes du côté opposé, mêlez-les de nouveau, et coupez à la carte longue. La première partie du jeu étant à demi étalée, on lira ces mots : *Daphnis, m'aimez-vous ?* Prenant ensuite l'autre partie, on lira : *Hébé, je vous adore !*

On peut, en suivant l'exemple que nous venons de donner, varier ce jeu de bien des manières, et faire trouver sur les cartes la phrase que l'on voudra, pourvu qu'elle ne contienne pas plus de trente-deux lettres. Voici de quelle manière il faut opérer : Prenez trente-deux cartes, que vous numéroterez depuis 1 jusqu'à 32. Exécutez un faux mélange. Ecrivez ensuite les trente-deux lettres de votre phrase sur les cartes ainsi mêlées. Mêlez une seconde fois, et transcrivez à l'angle opposé les trente-deux lettres d'une autre phrase. Rangez les cartes dans l'ordre des numéros que vous leur avez donnés, et construisez, d'après cet ordre, une table pareille à celle qui précède. Opérez ensuite comme vous venez de le voir, et vous obtiendrez un résultat semblable.

On peut, après avoir achevé cette récréation, remettre facilement le jeu de cartes dans son ordre primitif. Il s'agit d'exécuter deux fois à contresens le faux mélange, c'est-à-dire de prendre les trois cartes de dessous, de les couvrir avec les deux de dessus, et ainsi de suite, en finissant par mettre sur le jeu les deux dernières cartes.

Singulière combinaison du Jeu de Dominos.

Placez de suite les numéros 12, 11, 10, 9, 8, 7, 6, 5, 4, 3, 2, 1, et un double blanc, et sur la même ligne les quinze numéros restants. Renversez les dominos afin d'en cacher les points. Si vous prenez un domino à la fin de la série, et si vous le placez au commencement, en comptant jusqu'à 13, dans l'ordre opposé aux chiffres, le numéro transposé pour 1, 12 pour 2, 11 pour 3, jusqu'au 13, vous tomberez sur le nombre 1, qui indique un seul numéro transposé ; 2 vous donnera le nombre 2, 3 le nombre 3 ; ne voyant pas faire cette transposition vous découvrirez toujours infailliblement par ce moyen le nombre des derniers transposés ; et si, dans l'intention de vous tromper, on n'en transpose pas, le treizième domino sera le *double blanc,* qui indiquera qu'aucune transposition n'a été faite

Si l'on fait une remarque au double blanc, on connaîtra le nombre des dominos transposés ; car ce nombre sera celui de la série, moins treize.

Les Dominos à Colin-Maillard.

Ce genre de récréation ne se fait qu'aidé d'un compère, qui s'assied à la table devant vous, et po-

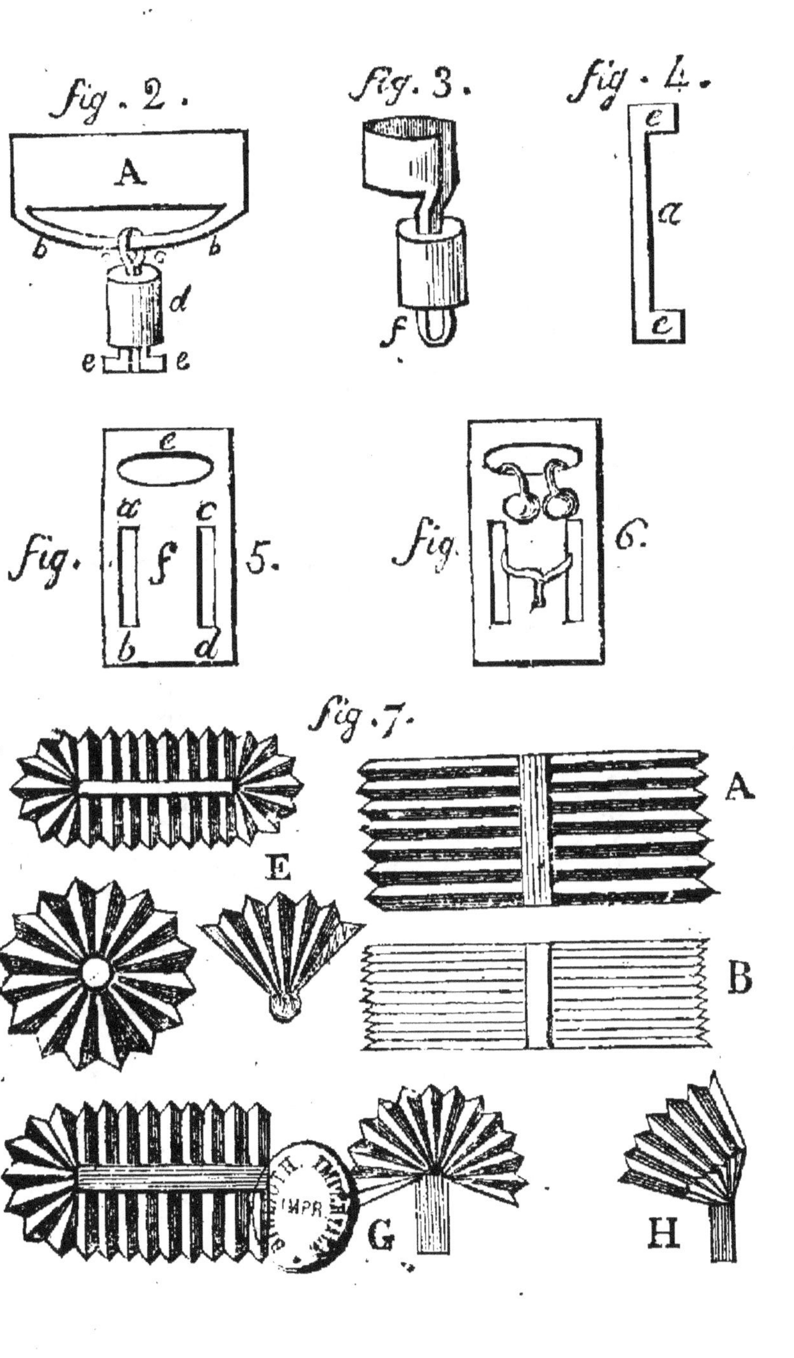

fig. 2.
A
b b
c
d
e e
fig. 3.
f
fig. 4.
e
a
e
fig. 5.
e
a c
f
b d
fig. 6.
fig. 7.
A
E
B
G
H

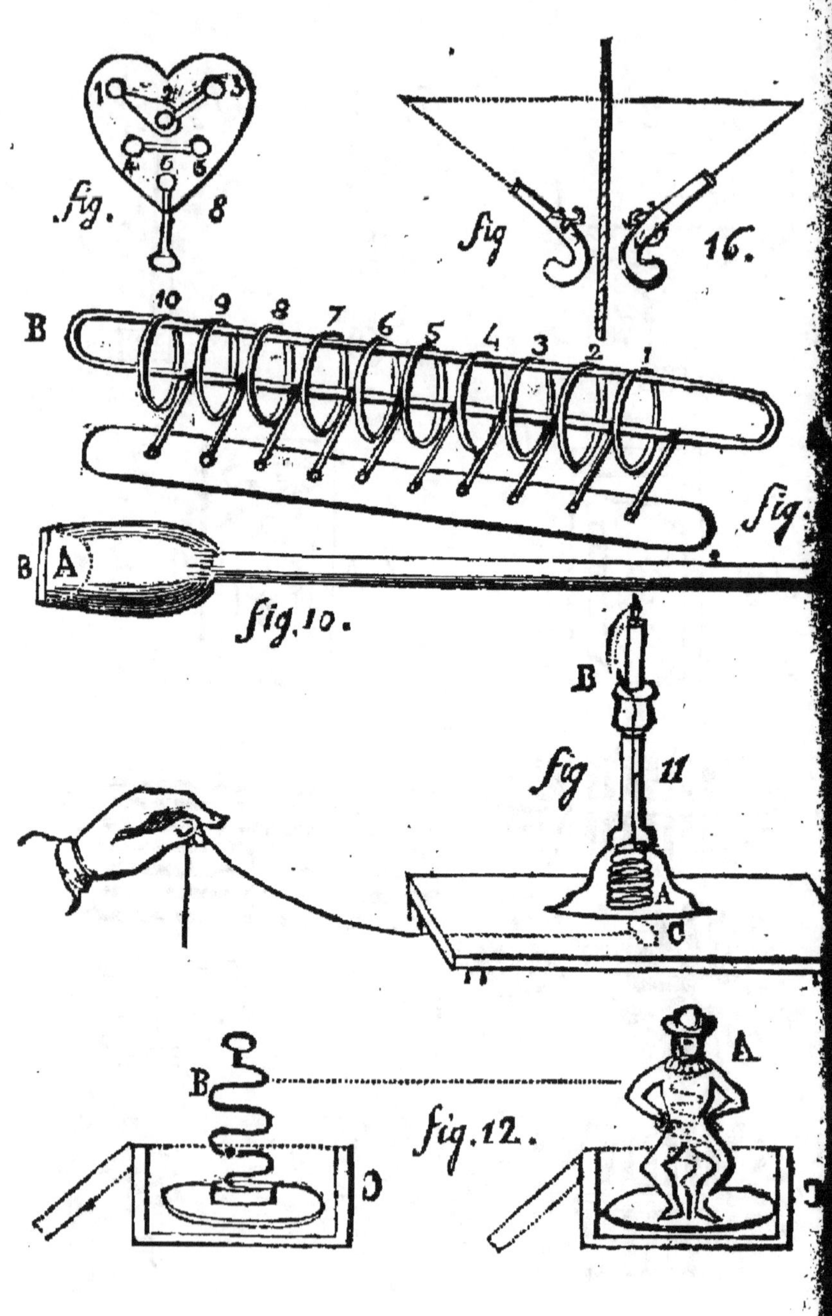

fig.
1 2 3
4 5 6
8
fig 16.
B 10 9 8 7 6 5 4 3 2 1
fig
B A
fig. 10.
B
fig 11
A
C
B
fig. 12.
A

sant son pied sur le vôtre d'un côté, pendant que
vous en faites autant de l'autre. Ensuite l'on renverse
les dominos sans dessus-dessous, et celui qui pose
indique à son partenaire, sans peine et sans erreur
possible par une pression du pied quel est le point
qu'il ouvre, auquel l'autre répond de même ; or,
lorsqu'il sort du blanc, que l'immobilité seule dé-
signe.

Le Jeu de la Carte.

Un des meilleurs jeux de patience se voit dans
la figure no 2. *A* est une carte, *bb*, un petit bout
coupé du fond dans toute la largeur de la carte excepté ce qu'il faut pour la tenir de chaque côté ; *c c*
est un autre bout de carte avec deux bouts carrés *ee;*
d est un morceau de pipe dans lequel *c c* est passé,
et retenu par les deux bouts *e e.*

Il faut ôter la pipe sans la casser ni endommager
le reste. Ceci qui paraît impossible, se fait de la manière la plus simple. Après un peu de réflexion, on
voit qu'on a autant de peine à mettre la pipe qu'à
l'ôter. Voici la manière de mettre la pipe. On coupe
d'une carte le bout *c c, e e,* comme l'indique la figure 4,
La carte de la figure 2, doit être courbée à **A,** pour
que le bout du fond soit assez courbé pour passer
double dans la pipe, comme la figure 3. Le morceau détaché avec les bouts carrés (fig. 4) doit alors
se passer à moitié dans le nœud *F,* au fond de la
pipe ; il faut alors le doubler au centre *a* et le passer
double dans la pipe à l'aide du nœud du morceau
de la carte. En ouvrant la carte tout sera complet,
et paraîtra comme la figure 2. Pour ôter la pipe, il
faut doubler la carte (fig. 3), y passer le morceau,
jusqu'à ce qu'un de ses bouts carrés puisse passer
dans le nœud au-dessous (fig. 4). La carte doit être

coupée proprement, il faut aller doucement et avoir soin en doublant la carte, de ne point faire de plis dedans, car, probablement ils gâteraient tout, en montrant à un spectateur adroit la manière d'opérer.

Le Tour des Cerises.

Coupez deux morceaux longs d'une carte *a*, *b*, *c*, *d* figure 5; coupez aussi un ovale au-dessus, comme *e*, prenez la partie *f* entre les deux ouvertures longues avec l'index et le pouce, et tirez-la vers vous jusqu'à ce que la carte soit en demi-cercle, passez une partie de feutre dans l'ovale *e*, et alors dans la partie *f*, passez dans *e* passez l'une de deux cerises doubles. Que les tiges et F repassent dans l'ovale; mettez la carte autant que possible dans la position originelle, et elle sera comme la fig. 6. Il faut ôter les cerises sans casser leurs tiges ou endommager la carte.

On ne peut faire ceci que de la manière décrite pour les mettre.

Ces petits paradoxes ou jeux de patience, quoique traités assez généralement de bagatelles, nous ne les donnons ici que par ce qu'ils sont assez souvent employés dans les entr'actes de scènes de prestidigitations par les *pitres*, *Benjamin* ou *compères*; ils étaient donc ici obligatoires, avant de passer à des expériences sérieuses, et peut-être aussi disposeront-ils à l'exécution où la compréhension de tours plus difficiles; quoique simples, comme nous le reconnaissons, il est juste d'avouer aussi qu'ils ont pu coûter beaucoup de temps à leurs inventeurs, et montrent assez d'esprit. On s'imagine promptement que quelques-uns de ces petits divertissements compliqués, ont été traités par des captifs, pour faire passer les heures d'un long emprisonnement; ainsi le malheur de quelques personnes fait souvent l'amusement de plusieurs. Nous regardons un paradoxe comme une énigme supérieure, et un bon jeu de patience, dans notre opinion, vaut mieux qu'un bon rébus. Il faut beaucoup de pensée, de calcul, de patience et d'adresse pour résoudre ces étranges énigmes, et nous avons quelquefois suivi un jeu de patience avec tant d'ardeur, que nous avons été entièrement absorbé dans les moyens de nous en retirer, et nous avons senti presque autant de plaisir en en faisant la conquête qu'en gagnant un adversaire à quelque jeu d'adresse.

C'est véritablement un passe-temps agréable de voir les pas d'une personne qui s'efforce d'éclaircir un paradoxe, ou de résoudre un jeu de patience qu'on connaît déjà. Il est visible de la voir pleine d'espoir à la fin apparente de ses peines, lorsque vous savez qu'elle est plus loin de son objet qu'elle n'était en commençant, et il n'est pas moins amusant de voir son désespoir augmenter lorsqu'elle croit s'embrouiller de plus en plus, pendant que vous êtes sûr qu'elle n'est qu'à un pas d'une fin heureuse de ses travaux; mais quel moment joyeux que celui où l'amateur n'a que deux chemins à prendre, l'un bon, et l'autre mauvais; il prend naturellement le dernier, et devient plus que jamais

Embarrassé, embrouillé et confus.

Un paradoxe ou un jeu de patience ne devrait jamais s'expliquer; la personne à qui on le propose devrait ignorer sa solution, à moins qu'elle ne la découvre; car, si elle manque après deux ou trois efforts, et que vous la disiez, sa vanité sera blessée, parce qu'elle a été trompée par une question qui paraît si simple après sa solution, et elle l'appellera sotte et ridicule ; mais, si elle la découvre sans aide, elle la louera, et sera contente de son adresse.

Nous allons à présent terminer notre petit budget par le trouble esprit ou papier protée, que l'on vit tant de fois aux mains des personnages susnommés, le faisant ressembler à beaucoup de choses animées et inanimées. Il faut confesser que ce ne sont que des ressemblances grossières, mais elles montrent beaucoup d'esprit.

Le Trouble-Esprit.

Prenez un papier épais, pliez la moitié de la feuille en longueur, tournez le bord de chaque pli en dehors, de la largeur d'un sou, mesurez-la avec un compas en trois parties égales quand elle est pliée, ce qui fait six divisions dans la feuille ; que chaque tiers soit tourné en dehors, et l'autre partie sera droite ; pincez à un quart de pouce, en lignes, comme une collerette, de sorte que quand le papier est ainsi pincé, il est comme A (fig. 7) ; fermé il sera comme B ; ouvrez-le, mêlez-le, et il sera comme un jeu de cartes mêlé ; fermez-le, tournez chaque coin en dedans, avec l'index et le pouce, et il sera comme une rosette pour un soulier de dames, comme C ; étendez-le, et il sera comme un couvercle pour une couche italienne, comme D ; laissez aller l'index au bout inférieur, et il représentera un guichet, comme E ; fermez-le et pincez au fond, étendant le haut, et ce sera un éventail, comme F ; pincez-le à moitié, et ouvrez-le haut, et il sera comme G ; tenez-le dans cette forme, et avec le pouce gauche, tournez le pli suivant, et il sera comme H. Enfin, avec un peu d'adresse, le trouble-esprit peut prendre

une foule de formes, et causer beaucoup d'agré-
ment. Mais passons aux expériences sérieuses.

Manière d'obtenir le Gaz oxygène

Ce gaz est sans odeur, couleur ni saveur. On l'obtient au moyen d'une cornue de grès, au col de laquelle est adaptée un tube et dans laquelle on fait
chauffer jusqu'au rouge du péroxide de manganèse
en poudre. A mesure que l'oxygène se dégage, on le
reçoit sous une cloche pleine d'eau, on rejette le
premier gaz produit, et on ne le recueille que quand
il arrive pur.

Fondre de l'Acier avec un morceau d'Amadou.

Prenez un fil d'acier, un ressort de montre que
vous aurez fait rougir et refroidir ensuite ; tournez-
le en spirale et fixez l'une des extrémités dans un
bouchon de liége, et adaptez à l'autre, après l'avoir
effilée, un morceau d'amadou allumé, plongez le
tout dans un flacon plein de gaz oxigène, que vous
fermerez au moyen du bouchon auquel est adapté
le ressort d'acier. A peine l'amadou est-il en contact avec le gaz oxygène qu'il brûle et que le fer
s'enflamme avec tant de force qu'on est ébloui de
la vive lumière qui se dégage de cette combustion.
Le fer fondu tombe en globules, dont la chaleur est
telle, que le flacon est brisé, ce qu'on évite en laissant deux doigts d'eau au fond du flacon. Il faut
aussi pratiquer sur l'un des côtés du bouchon une
petite rigole, afin de favoriser la sortie du gaz qui,
pendant la combustion, se dilate à tel point que,
sans cette précaution, le bouchon serait emporté.

Ballons et Aréostats.

Pour faire un petit ballon à peu de frais, formez avec du papier léger une boule de quelques mètres de tour, ménagez une ouverture d'un côté, suspendez au-dessous de cette ouverture un bassin de cuivre, de fer blanc, etc., contenant du chanvre ou même du papier imbibé d'huile, mettez le feu à ces combustibles, l'air échauffé montera dans le ballon, le gonflera, et tout l'appareil s'élèvera et se soutiendra dans les airs à une hauteur considérable.

Lampe philosophique.

Ayez une fiole à médecine dans laquelle vous mettrez de la limaille de fer baignant dans une petite quantité d'eau, et surtout de l'acide sulfurique : bouchez-la soigneusement avec un bouchon de liége traversé par un tube de verre aminci du bout : il y a aussitôt production de gaz hydrogène. En approchant une bougie allumée de l'extrémité de ce tube, ce gaz s'enflammera et brûlera plus ou moins de temps.

Couper une Corde sans la toucher.

Attachez-la fortement en la tendant bien à deux colonnes, mouillez-la, et elle se cassera.

Courber deux Arbres sans les toucher.

Attachez-les avec une corde tendue et mouillez-la.

Faire fondre une cuiller dans l'Eau.

Faites fondre ensemble quatre onces de bismuth, deux onces et demi de plomb et une once et demi d'étain, vous obtiendrez un métal d'une très-belle apparence, dont on pourra faire des cuillères et autres ustensiles de ménage, qui se fondront en les mettant dans l'eau bouillante.

Eau qui brûle sur la main sans attaquer la Peau.

Après avoir mélangé à parties égales de saindoux, de l'huile de pétrole, de térébenthine, et de la chaux vive, et avoir battu le tout convenablement, on obtient, en distillant ce mélange, une eau que l'on peut faire brûler sur la peau sans ressentir la moindre douleur.

Jet d'Eau produit par la Vapeur.

Divisez un vase en deux parties égales, faites communiquer ces deux parties en fonçant un tube de la partie supérieure à la partie inférieure. De manière que ce tube vienne aux deux tiers de la partie supérieure, vous adaptez à la partie supérieure un autre tube qui s'élève de quelques pouces en dehors, mettez alors un pouce ou deux d'eau dans la partie inférieure, et emplissez à moitié la partie supérieure du même liquide, placez ensuite la partie inférieure du vase sur un fourneau, la vapeur s'élancera dans la partie supérieure et forcera l'eau contenue dans cette dernière à s'élever dans le tube extérieur, ce qui produira un jet d'eau parfait.

Effet singulier de l'Eau sur le Zinc et l'Argent.

Si, après avoir placé un gobelet d'argent plein d'eau sur une lame de zinc, on goûte l'eau sans déranger le gobelet, on ne lui trouvera aucune saveur, mais si, en buvant, on pose ses mains mouillées sur le zinc, l'eau semblera âcre et acerbe.

La Broche qui tourne seule.

C'est une espèce de tradition parmi les gens de la campagne, que les oiseaux tués le jour des Rois et embrochés le même jour avec une baguette de coudrier rôtissent tout seuls. La condition du gibier tué le jour des Rois n'est nullement nécessaire. Un oiseau d'un médiocre volume, embroché dans une branche de coudrier vert et de l'année, mise sur des chenets qui soient de niveau, tourne au feu toute seule et sans aide jusqu'à l'entière cuisson.

Cet effet est dû à l'action du feu sur le bois vert, et toute autre branche que celle de coudrier se tourmenterait de la même manière.

Faire cuire un œuf sans feu.

Mettez-le dans une fronde et faites-le tourner rapidement au soleil et sans interruption ; au bout d'un certain temps il sera cuit. Un moyen plus sûr est de le placer dans un cylindre fermé avec de la chaux vive jetée dans l'eau.

Pots dans lesquels on ne peut boire sans s'inonder.

L'on rencontre des pots d'une construction singulière. La moitié supérieure de ces pots est divisée dans sa circonférence par des ouvertures latérales. Au premier aspect il semblerait impossible d'y boire, et quand on n'en connaît pas la construction, l'on ne peut essayer de boire sans s'inonder. L'anse du pot à l'eau est creuse et forme un seul canal avec le bord supérieur du pot, qui est pareillement creux dans toute la circonférence. A l'endroit où l'on met ordinairement la bouche pour boire, est un trou par lequel on pompe l'air du canal : l'eau monte par l'anse et vient jusqu'à la bouche. Mais l'on a encore multiplié la difficulté, car l'on sucerait inutilement si l'on n'avait soin de tenir fermé un petit trou placé sur l'anse du pot, à l'endroit le moins apparent. Ce pot ou vase, qui se trouve dans presque tous les cabinets de magie est l'historique des syphons.

La balle et le cœur.

Pour faire ceci, il faut couper un bois mince en cœur, y faire six trous, comme dans la figure 8, et avoir une petite corde de soie, qu'il faut doubler et attacher par les deux bouts à une petite balle de bois. Pour mettre la balle, passez le nœud dans le trou 6, de haut en bas à 2, passez-la dedans, et ensuite dans 3, 5, 4 et 1 successivement ; ensuite, dans 2 et encore dans 6, par devant et passez-la sur la balle, alors tirez le nœud dans 6 et dans 2, et tout est mis. Il s'agit d'ôter la balle et la corde après les avoir fixés. Pour ôter la balle mettez le cœur devant vous comme dans la figure 8. Relachez la corde en tirant en arrière la balle vers le trou 6 ; alors relâchez le reste de la corde en tirant vers vous et tirez le nœud, pour y faire passer la balle dans le sens opposé au moyen employé pour l'y mettre, tirez alors votre cordon et le tour est fait.

Les anneaux embarrassants ou baguenaudier.

Cette invention embarrassante est très-antique, et fut traitée par le mathématicien Cardon au commencement du xvi⁰ siècle. Les anneaux consistent en un morceau plat de métal ou d'os, avec dix trous dedans ; dans chaque trou il y a un fil de fer qui à une tête à un bout, afin qu'il ne puisse y passer, et l'autre attaché à un anneau aussi libre. Chaque fil a passé dans l'anneau du fil précédent avant que son anneau soit mis, et dans tous les anneaux passe un cercle ou arc de fer qui contient aussi dans son espace oblong tous les fils auxquels les anneaux sont attachés ; le tout paraissant si compliqué qu'on croit impossible d'ôter les anneaux de l'arc. Sa construction donnera de la peine à l'amateur ; mais on l'achète chez tous les marchands d'instruments de physique et chez beaucoup de tabletiers. Il existe aussi dans quelques campagnes, forgés en fer par quelques mécaniciens ingénieux, et nommé les *fers fatigants* ou *nœud gordien*. Les instructions suivantes montreront comment l'on construit la machine et comment on ôte les anneaux de l'arc.

Prenez l'arc dans la main gauche (Voy. fig. 9), le tenant au bout B, et considérez les anneaux comme étant numérotés de 1 à 10. Le premier anneau, n'ayant d'autre fil que le sien, s'ôte de suite du bout de l'arc A, relevé, passé dans l'arc, et enfin libre. Après ceci essayez d'ôter ainsi le second anneau, et vous ne pourrez, car il est dans le fil du premier anneau, en renversant le procédé par lequel vous l'ôtâtes en le passant dans l'arc et le passant sur bout, vous trouvez alors qu'en ôtant les deux premiers anneaux ensemble ils s'en iront tous deux ; levez-les et passez-les dans l'arc. Ceci fait, tâchez d'ôter le troisième anneau, et vous ne pourrez, puisqu'il est attaché d'un côté à son fil, de l'autre au fil du second anneau, qui est hors de l'arc. Alors, laissant le troisième anneau, pour le présent, essayez le quatrième, qui est au bout, excepté un, et les deux fils qui le retiennent étant dans l'arc, vous l'ôtez sans peine, et en le faisant vous devez ôter le troisième anneau, qui ne glissera pas par les raisons précédemment données. Ainsi, ayant ôté le quatrième anneau, vous n'avez qu'à remettre le troisième anneau. Vous comprenez maintenant que (à l'exception du premier anneau) le seul qu'on puisse ôter est celui qui est le second à droite de l'arc, puisque les fils qui le retiennent sont dans l'arc, rien ne l'empêche de glisser. Maintenant le premier et le second anneau sont libres, et le quatrième aussi, le troisième est fixé; pour l'ôter, il faut le laisser seul, excepté un, sur l'arc : pour faire ceci, passez les deux premiers anneaux dans l'arc et dessus; alors ôtez le premier anneau, en l'ôtant et en le passant, et le troisième anneau sera second sur l'arc, propre à ôter, en ôtant le second et le troisième, passant le troisième et remettant le second. Or, pour ôter le second, mettez le premier dedans et sur l'axe, alors ôtez les deux anneaux ensemble, élevez-les et passez-les dans l'arc. Le sixième sera alors le second, et bien placé pour être ôté; alors tirez-le vers le bout A, ôtez le cinquième, puis le sixième, et passez-les, ensuite replacez le cinquième, car vous ne pouvez l'ôter quand il est second anneau. Pour ceci, il faut remettre les deux premiers anneaux sur l'arc, alors, pour remettre le troisième, ôtez le premier et passez-le dans l'arc. Alors mettez le troisième sur l'arc, remettez-le premier anneau, et ôtant le premier et le second, mettez le quatrième sur l'arc replacez-le troisième; alors remettez le premier et le second, ôtez le premier et remettez le troisième; alors remettez le premier, et ôtant le premier et le

second ensemble, remettez le quatrième et le troisième ; alors remettez le premier et le second, et
le cinquième sera second, comme vous vouliez,
tirez-le vers le bout, ôtez-le, replacez le quatrième,
remettez le premier et le second sur l'arc ; ôtez le
premier, remettez le troisième et le second ; replacez le premier pour ôter le premier et le second ;
alors tirez le quatrième vers le bout, et ôtez-le ;
remettez le troisième, le premier et le second sur
l'arc, ôtez le premier puis le troisième, remettant
le second et le premier afin de les ôter ensuite,
alors le huitième anneau sera second, par conséquent vous pouvez l'ôter en remettant le septième.

Alors pour ôter le septième, remettez le premier et le second, et faisant les inversements pré-
cédents, jusqu'à ce qu'il n'y ait que le dixième et le
neuvième. Le premier inconvénient réel, pour ôter
les anneaux est d'ôter le dixième, car tous les
mouvements que vous fîtes avant n'étaient que
pour ôter le dixième. Maintenant vous n'aurez que
le neuvième sur l'axe, et ne vous découragez point
en apprenant que pour ôter cet anneau il faut remettre tous les autres ; commencez par remettre
les deux premiers, et travaillez comme avant, jusqu'à ce que le neuvième soit deuxième sur l'arc,
et propre à ôter. Alors vous n'aurez que le huitième sur l'arc ; il faut remettre tous les anneaux
de droite commençant par les deux premiers, et le
huitième sera deuxième et vous allez ainsi jusqu'à
ce que tous les anneaux soient libres.

Comme vous commencez l'opération, tous les
anneaux fixés sur l'axe, vous ôterez le dixième anneau en 170 coups, mais comme vous n'avez que le
neuvième, et qu'il faut remettre tous les anneaux

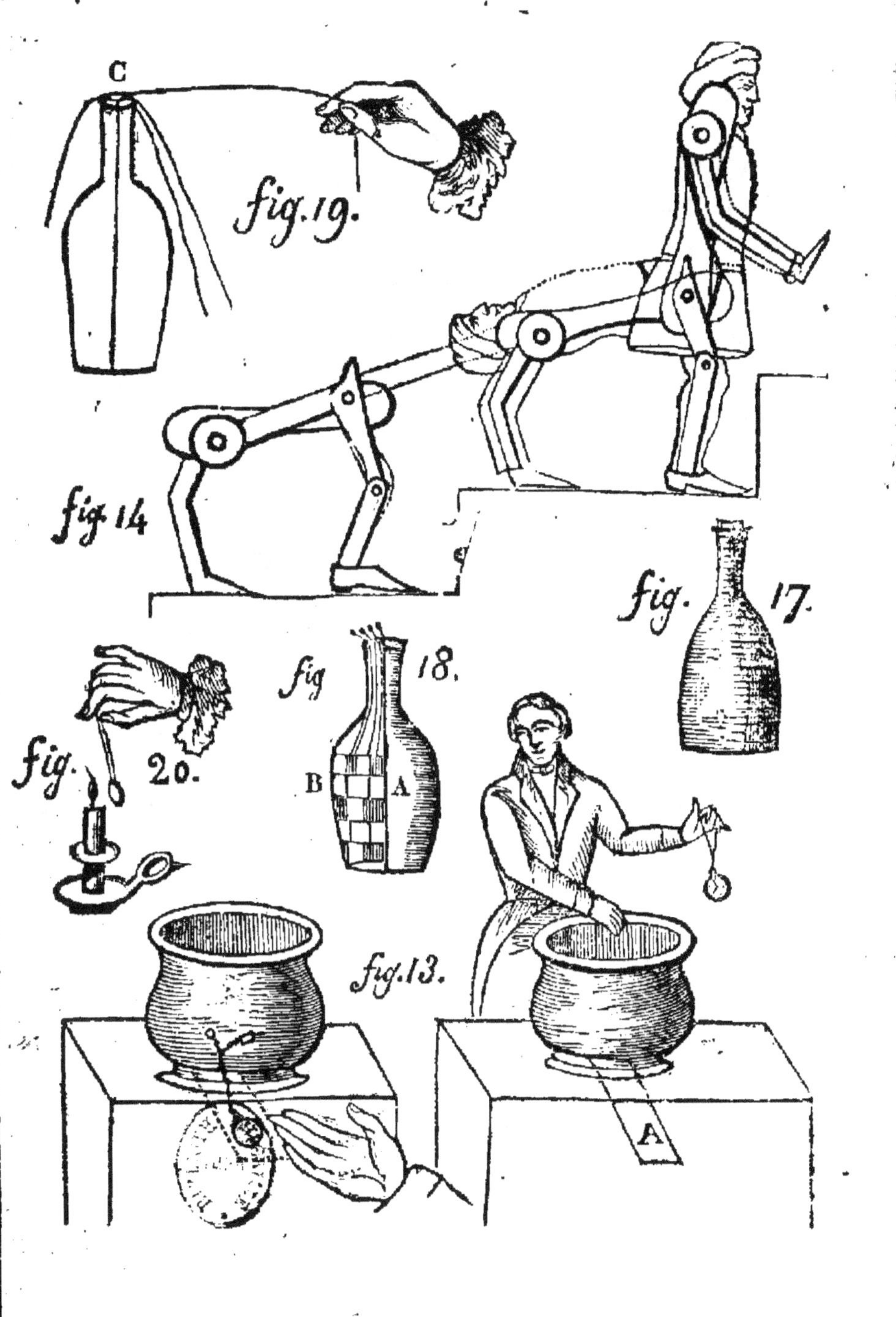

C
fig. 19.
fig 14
fig. 17.
fig 18.
B A
fig. 20.
fig.13.
A

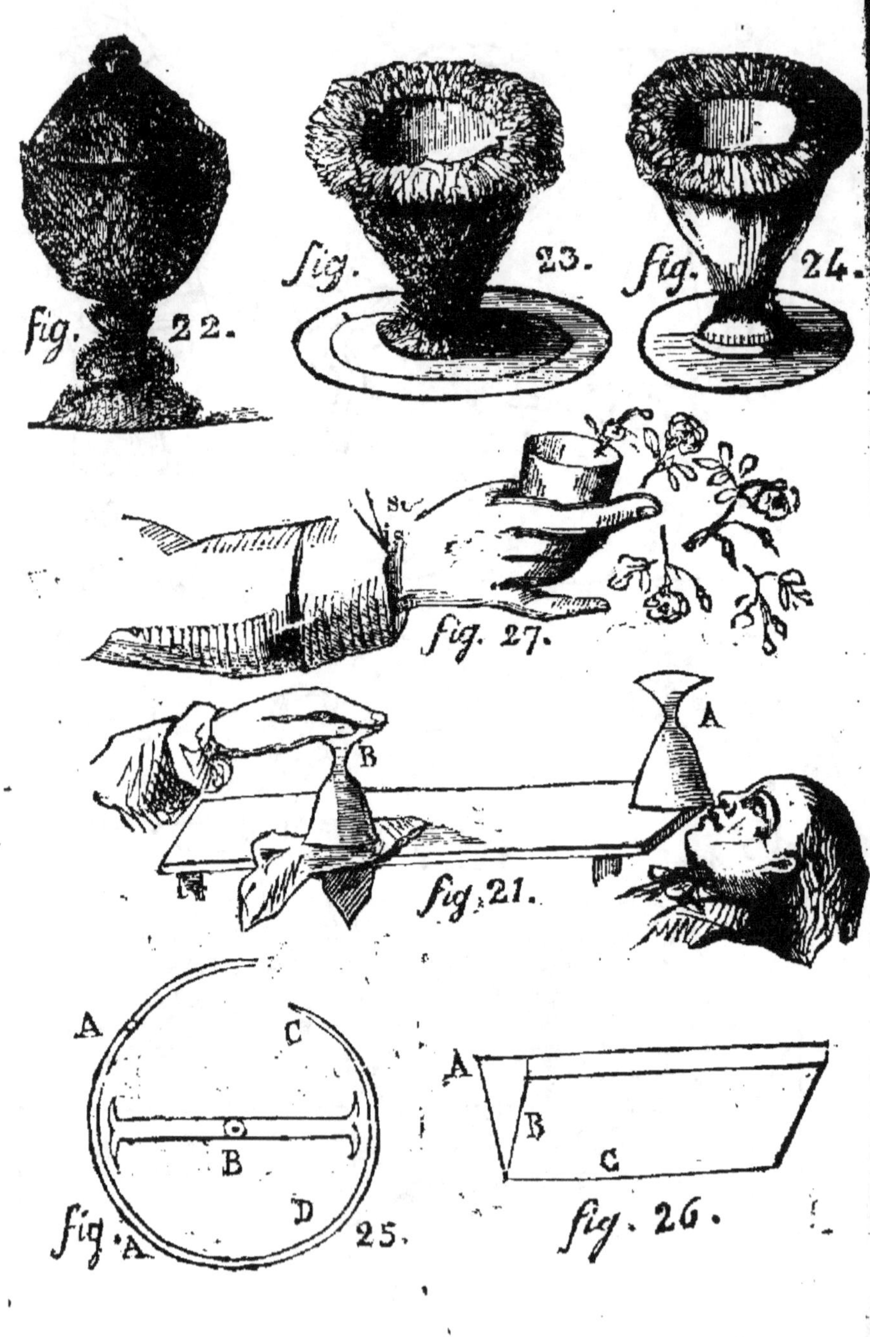

fig. 22.
fig. 23.
fig. 24.
fig. 27.
A
B
fig. 21.
A
C
B
D
fig. 25.
A
B
C
fig. 26.

pour ôter le neuvième, ce qui demande 15 coups de plus, vous ôterez donc le neuvième en 250 coups, et pour vous encourager, votre travail sera diminué de moitié à chaque anneau que l'on ôte définitivement. Le huitième vient en 128 coups, le septième en 64, et ainsi jusqu'aux deux premiers, qui viennent ensemble, faisant 681 coups qu'il faut pour ôter les anneaux. Avec l'expérience que vous avez acquise, il ne faut que dire, que pour remettre les anneaux, on commencera par les deux premiers, et qu'on suit la même marche qu'avant.

Comment l'homme passe-t-il le temps sur la terre et combien peut-il, en général, en accorder à l'activité de son esprit et de son âme.

Prenons un homme bien constitué et une magnifique moyenne de 72 années.

Et d'abord un homme, en prenant toute sa vie, ne dort pas moins de huit heures sur vingt-quatre heures. Ainsi il reste donc 24 ans dans son lit.

En estimant à une demi-heure seulement le temps qu'il prend à se laver, se coucher et se déshabiller tous les jours, on trouve en 72 ans 18 mois de perdus. Pour se substanter dans ses divers repas et pour que son équilibre se maintienne, le moins 2 heures par jour. Ce temps produit encore 6 années sur 72.

Enfin il a été calculé que toutes les nécessités d'une vie humaine exige 19 heures 3/4 sur les 24 accordées à chaque journée ; de sorte qu'il ne reste plus en général que 4 heures 1/4 à employer à un

2

travail utile. Ainsi , en définitive, sur 72 années accordées à un homme fortement constitué, il dépensera 53 ans, 3 mois, 4 jours et quatre heures à dormir, s'habiller, manger etc. Il ne lui reste que 18 ans 8 mois, 23 jours, et 20 heures pour vivre d'une vie d'intelligence. A quoi donc la vie moyenne de l'humanité.

Pourtant combien aussi ne produit pas le temps bien employé, donnons-en un exemple. Un bon compositeur typographe pose 12,000 lettres par jour. La distance que parcourt sa main en terme moyen est d'un pied par lettre (pour de la case au composteur, les prendre et revenir), ce qui fait deux pieds par lettre. Ainsi la distance par jour parcourue par sa main est de 24,000 pieds, ou un peu plus de 4 milles 1/2 (6 kilomètres), et dans le cours de l'année, en supprimant les dimanches, la main du compositeur fait 1,500 milles (6,000 kilomètres).

Jeu de multiplication.

Vous écrivez trois sommes , et vous proposez à une personne de multiplier une de ces trois sommes par tel chiffre qu'il lui plaira , vous lui permettez de rayer dans le produit de sa multiplication un chiffre à sa fantaisie, et, après l'avoir rayé, d'arranger les autres comme bon lui semblera, vous trouverez le produit total de sa multiplication et le chiffre qu'elle aura rayé en procédant comme il suit :

SOLUTION.

Dans les sommes que vous poserez, vous aurez soin que tous les chiffres de chaque somme additionnée vous donnent 18 , ni plus , ni moins : par exemple celles-ci :

243,63	45,234	162,351
9 9	9 9	9 9
18	18	18

Supposons que la somme choisie pour être multipliée soit celle-ci : 24,363
et qu'on la multiplie par 8
le produit sera 194,904

Supposez que de ce produit on ait rayé un des chiffres 9, et qu'on ait transposé les autres chiffres ainsi qu'il suit : 94,014, additionnez ces cinq derniers chiffres de cette manière.

$$9$$
$$4$$
$$0$$
$$1$$
$$4$$

Total 18

Retranchez de ce total le nombre 9 autant de fois qu'il y est contenu, et ce qu'il vous faudra pour former 9 avec le reste de cette soustraction sera le nombre qu'on aura rayé. En effet, retranchant 2 fois 9 de 18, il me reste 0 ; pour arriver à 9, il me faut 9, c'est donc 9 qu'on a rayé,

AUTRE MANIÈRE.

Laissez à la personne la faculté de choisir elle-même la somme qu'elle veut multiplier, à condition qu'elle vous la montrera, et qu'elle vous laissera libre d'y ajouter un chiffre. Vous ajoutez à chaque chiffre de la somme à multiplier autant d'unités qu'il en faut dour élever ce chiffre à 9 ; le total des unités que vous avez ainsi ajoutées vous donne le chiffre que vous devez ajouter à la somme proposée. Si votre total excède 9, vous n'ajoutez que l'excédant ; s'il vous donne 9 exactement, vous n'y ajoutez rien. Vous placerez votre chiffre au commencement ou à la fin, à volonté.

EXEMPLE :

Supposez que le nombre choisi soit 34 ; vous dites : de 3 aller à 9, c'est 6 ; de 4 aller à 9, c'est 5 ; 6 et 5 font 11, ce nombre excède 9 de 2, vous posez donc 2 au commencement ou à la fin de 34, vous laissez la personne libre de mêler les chiffres, après en avoir rayé un, et vous opérez comme ci-dessus.

La règle générale pour ces deux opérations, est d'additionner tous les chiffres du produit après qu'on les a mêlés et qu'on en a retranché un, et de diviser le produit de cette addition par 9, ce qui manque au reste de cette divison pour arriver à 9 donne le chiffre qui a été rayé.

Les deux voyageurs.

Deux voyageurs partent pour un voyage lointain, le premier a fait huit lieues par jour, le second, qui n'a fait que trois lieues le premier jour, en a fait cinq le second, sept le troisième et ainsi de suite, en augmentant de deux lieues chaque jour. Ce dernier demande combien il lui faudra de jours pour atteindre son compagnon de voyage.

SOLUTION.

Pour résoudre cette question et d'autres semblables, ajoutez le nombre des deux licues, que le second fait de plus que le premier. au double 16 du nombre 8 des licues que le premier fait chaque jour, et ayant ôté de la somme 18 le double six du nombre des trois lieues que le second voyageur à faites le premier jour, divisez le reste, nombre douze. par deux des lieux que le second fait de plus chaque jour, et le quotient fera connaître que le second voyageur atteindra son compagnon au bout de six jours, et par conséquent ils auront fait chacun 48 lieues, parce que 6 fois 8 font 48, et que la somme de ces six termes de la progression arithmétique 3, 5, 7, 8, 11, 13, donne aussi 48.

Moyen de s'exposer sans danger à des décharges de mousqueterie et d'artillerie.

C'est à l'aide d'un très-habile subterfuge, que certains physiciens excitent encore l'admiration du vulgaire, en s'exposant avec intrépidité au feu de plusieurs mousquets en apparence chargés à balle. On en a vu même pousser l'audace et le sang-froid jusqu'à se placer à peu de distance de la bouche du canon, dans lequel un spectateur quelconque introduisait un boulet après y avoir fait une marque de reconnaissance. N'allez pourtant pas croire que ces messieurs soient vraiment sorciers ou magiciens. Voilà tout le mystère :

Le boulet étant introduit dans le canon, le refouloir dont on se sert pour le bourrer est creux à la

partie conique A qui le termine ; la base de ce cône
est recouverte d'une bascule B qui s'ouvre en bour-
rant, et laisse entrer le boulet dans la cavité qui y
est ménagée fig. 10.

Alors un compère, vêtu en canonnier, feint de
bourrer le canon dans toutes les règles, puis jette le
refouloir dans la coulisse, avec le boulet qui est
dedans. Le physicien ou magicien-sorcier s'en em-
pare, dégage le boulet de sa prison, se présente
d'un air intrépide, se place le jarret tendu et la tête
haute, le coup part, le boulet tombe aux pieds de
notre homme, et chacun de crier Bravo ! ! !

L'Oiseau mort ressuscité.

On vide un œuf en le partageant proprement par
le milieu, on rajuste les deux moitiés de coque, après
avoir inséré un petit serin. Pour opérer cette réu-
nion des deux moitiés, on colle autour une bande
de papier en forme de zône. Afin de ne pas gêner
la respiration de l'oiseau, on fait à l'œuf un petit
trou avec une épingle. De peur de se trouver en
défaut, on prépare ainsi plusieurs œufs, on les met
dans un chapeau, on invite une dame de la compagnie d'en choisir un. On casse cet œuf, et on en
retire le serin vivant. On le présente à la dame,
et au moment où elle se prépare à le recevoir, on
l'étouffe en le serrant fortement entre ses doigts.
On feint d'être surpris et l'on annonce que puisque
l'oiseau est mort il s'agit de le ressusciter. Pour
le faire, on le place sur la trappe de la table,
(qui existe toujours à ces sortes de tables de prestiges), on le couvre d'un gobelet, et le compère
en substitue un vivant.

La lampe sympathique.

On met cette lampe sur une table, on s'en éloigne, et l'on annonce qu'on va l'éteindre en soufflant du côté qui lui est opposé, ou bien qu'elle s'éteindra d'elle-même, à la volonté de quelqu'un de la compagnie.

Le chandelier qui porte cette lampe a dans sa patte un soufflet A, dont le vent est porté vers la flamme par un petit tuyau B. Le compère en remuant une bascule C, y correspondant, fait jouer le soufflet à l'instant désiré. (Voir la fig. 117.)

Le petit chasseur.

C'est un petit automate tenant en main un arc et une flèche ; devant lui est une espèce de cible en carton divisée en plusieurs cases numérotées. La flèche part au moment désiré et va se fixer sur le n° qu'à choisi une personne de la compagnie.

Les bascules et le compère font encore ici tous les frais.

Le coffre qui s'ouvre au commandement,

Il y a dans ce coffre une figure A, dont la carcasse est un ressort à *boudin* B, ou fil d'archal, plié en spirale.

Par ce moyen, la figure, quoique plus haute que le coffre C, peut s'y tenir debout quand on le ferme, son corps se resserrant et se raccourcissant au besoin. Le coffre est appuyé sur les bascules qui communiquent leur mouvement au pène de la serrure. Aussitôt que la gâche en est dégagée, le ressort à *boudin* B, ne trouvant d'autre résistance que le poids du couvercle, le force facilement à se lever (voir fig. 12).

La montre pilée dans un mortier.

Le mortier dans lequel on met la montre a une espèce de soupape dans sa base. On le met sur la trappe en question, et le compère fait le reste.

L'escamoteur habile sait trouver dans ce cas comme dans les autres, des moyens pour rendre l'illusion plus complète (nos lecteurs n'ont pas oublié l'exemple que nous en donnons dans la préface de ce livre). L'opérateur, disons-nous, met dans le mortier une seconde montre dont les aiguilles, les breloques et la boîte ressemblent à celles de la première. Pour cela, on peut être d'intelligence avec celui qui prête sa montre, ou tâcher de parvenir à voir celle d'une personne, qui ne pourrait être soupçonnée de compérage, pour plus d'illusion, et lorsque l'on a eu le temps de l'examiner s'en procurer ensuite une à peu près pareille

Opération.

On prie, comme nous l'avons dit, quelqu'un de la compagnie de prêter sa montre, (comme dans tous les objets demandés l'on est sûr d'avoir le choix, il est facile de prendre, sans avoir l'air de lui donner de préférence marquée, la montre semblable à votre duplicata), et on la met aussitôt dans le mortier : quelques moments après, on la fait briser à coups de pilon par une autre personne ; on en fait voir les rouages, la fusée, le ressort et le barillet brisés et fracassés ; et enfin, après quelques minutes, on rend la montre toute entière à son propriétaire, qui la reconnaît.

Après tout ce que nous avons dit, il est facile de voir qu'il faut mettre le mortier près de la trappe **A** et le couvrir d'une serviette , pour que le compère, puisse sans être aperçu, y substituer une autre montre.

Si on veut réussir à produire l'illusion dans ce cas-ci, il faut avoir soin de faire mettre dans le mortier une seconde montre et ses accessoirs , le plus ressemblant possible ; ce qui n'est pas absolument difficile, par les moyens que nous venons d'indiquer.

Après avoir remis tous les morceaux dans le mortier il faut les couvrir une seconde fois d'une serviette et amuser un instant la compagnie par quelques balivernes ou lieux communs , ou par quelques tours nouveaux pour donner au compère le temps de ramasser tous ces débris, et de remettre la première montre dans le mortier. (Voir la fig. 13.)

Sauteurs chinois.

Ces petites figures , que les diseurs de bonnes aventures font manœuvrer pour attirer la curiosité des passans et pour les engager à s'arrêter, ne laissent pas d'étonner les personnes qui ignorent la cause qui leur impriment les mouvements qu'elles exécutent spontanément, en descendant de degré en degré, par des culbutes successives, du haut en bas d'un petit escalier.

Musschenbroeck, dans son *introduction à la phi-*

losophie naturelle, a donné la description de cette petite mécanique (fig. 14).

Tout le secret consiste dans la mobilité de différentes parties de la figure, mobilité qui reçoit l'impulsion d'une certaine quantité de mercure qui, passant alternativement de la partie supérieure du corps à la partie inférieure, change la position de la figure de degré en degré, jusqu'à ce que le centre de gravité trouve un point d'appui, ce qui a lieu lorsque la figure est arrivée sur une surface plane.

Mettre la lune dans sa poche.

Jetez dans un ballon de verre de petits morceaux de phosphore ; faites chauffer le ballon jusqu'à ce que le phosphore s'enflamme ; prenez alors le ballon et tournez-le rapidement dans tous les sens pour que le phosphore qui est fondu s'étale sur la plus grande partie de l'intérieur, les flammes s'éteindront ; mais alors il restera sur le verre une croûte blanchâtre qui, dans les ténèbres, brillera et imitera le disque de la lune aves ses accidents d'obscurité ; on peut mettre ce globe dans sa poche.

Lanternes de plongeurs de nuit.

Cette lanterne se compose d'un cylindre de cuir disposé de manière à ce que la lumière, fixée au centre inférieur de sa base inférieure, s'échappe à travers deux glaces de cristal placées en retraite de la convexité du cylindre comme au fond d'un entonnoir, et au sommet de la lanterne terminé par un chapitau est un tube de cuir qui sert de cheminée, et dans la base est percé un trou auquel s'adapte un autre tuyau, qui apporte l'air nécessaire à la combustion. Les orifices des tuyaux sont maintenus à la surface de l'eau au moyen de bouées en liège ou de vessies remplies d'air.

La tête du diable

ou la tête de Belzébuth rendant des oracles.

On place une figure en buste sur une table ; mais de l'une de ses oreilles, ou de chacune, on conduit à travers de la table et un de ses pieds, un tuyau qui perce le plancher, et va aboutir dans l'appartement inférieur ou latéral. Un autre tuyau part de la bouche et va aboutir par un chemin semblable en passant au travers des conduits A et B dans le même appartement. On dit à quelqu'un de faire à cette figure une question en lui parlant bas à l'oreille ; la personne qui est de concert avec celle qui montre la machine, ayant son oreille appliquée à l'extrémité du même tuyau, entend fort bien ce qu'on a dit : elle fait alors à l'embouchure de l'autre tuyau, une réponse qu'entend à son tour l'auteur de la question. Enfin, si par quelque moyen mécanique on a donné en même temps un mouvement aux lèvres de la machine, les spectateurs sont extrêmement surpris, tentés de croire à la magie. Il n'y en a pourtant aucune, ainsi qu'on le voit.

Tirer un coup de pistolet par dessus l'épaule.

Pour exécuter cette espèce de tour, placez devant vous un miroir plan, dans lequel vous apercevrez l'objet que vous devrez frapper, ensuite mettez le canon de votre arme sur l'épaule, et dirigez-le en regardant dans le miroir comme si l'image était l'arme elle-même, c'est-à-dire de sorte que l'image de l'objet à frapper soit cachée à l'œil par le canon ou dans l'alignement de la mire, il est évident que si vous lâchez alors le coup, le but doit être frappé (fig. 16).

La bouteille aux rubans.

Cette bouteille est un perfectionnement de celle dite *inépuisable*, dont tout le monde aujourd'hui connaît le mystère, nous l'avons déjà décrite dans un volume publié à la même librairie sous le titre des *Tours de physique*, nous y ajoutons quelques mots ici.

Dans le principe, cette bouteille en tôle vernie, renfermant des syphons contournés, le prestidigitateur ne faisait sortir qu'une demi-douzaine de liqueurs différentes, mais comme tout se perfectionne, on s'avisa depuis de renfermer dans un des conduits intérieurs de l'eau de sucre, et dans les verres disposés sur le plateau, de verser à l'avance quelques goutes d'essence de beaucoup d'autres sortes de liqueurs, qui, par ce moyen, firent croire aux spectateurs que de la même bouteille sortaient toutes ou à peu près celles que l'on pourrait désirer.

Aujourd'hui la bouteille aux rubans est venue mettre la dernière main à l'œuvre de la prestidigitation. Elle se divise ainsi :

La fig. 17 représente le recouvrement de l'appareil et figure la bouteille ordinaire, elle est en tôle noire vernie, la fig. 18 est l'intérieur de la bouteille divisé en 2 parties, dans celle A est

renfermé le vin ou tout autre liquide; B contient
8 à 10 bobines enroulées de rubans dont le bout de
chacun est retenu par un petit nœud en C. Le tout
ainsi disposé, et le recouvrement remis par dessus
ce petit appareil, il sera donc facile, comme on le
comprend sans doute, de verser du vin aux spectateurs, ainsi que de faire hommage aux dames de
quelques mètres de ruban aux couleurs variées,
qu'il sera facile au physicien de dévider en tirant
chacun d'eux aux nœuds C, comme on le voit fig. 18
et 19.

L'anneau Indiscret (Farce de Société).

Prenez plusieurs aiguillées de fil, et faites-les
tremper dans un verre d'eau de rivière, où vous
aurez fait fondre une cuillerée de sel commun,
avec cette attention de ne laisser tremper dans votre
eau salée que la moitié de votre fil, après trois ou
quatre jours, retirez le fil de la dissolution pour le
faire sécher, et vous en servir au besoin dans une
société de huit à dix personnes, adressez-vous à
deux jeunes demoiselles en leur proposant de leur
faire voir clairement laquelle des deux a le plus de
penchant à l'amour; alors déployez votre fil, et
sans affectation faites prendre à celle qui vous paraîtra la plus éveillée, le bout de fil que vous savez
être salé, et donnez l'autre bout à la seconde personne, coupez avec des ciseaux votre fil par le
milieu, par ce moyen il est impossible de soup-
çonner que les morceaux aient été différemment
préparés.

Demandez à la compagnie deux anneaux de ceux
qu'on nomme *alliances* ou anneaux de mariage, et
priez les demoiselles à qui vous avez donné les deux

houts du fil, de les suspendre après ce fil (Voir la fig. 20).

Les bagues ainsi suspendues, si l'on approche la flamme d'une bougie alternativement de chacune d'elles, les fils prendront feu, et quoique brûlé, celui salé conservera encore assez de force pour soutenir l'anneau ; ce que vous ferez passer pour une preuve de son amour.

NOTA. Prenez garde que votre fil ne soit trop long et que vous ne le fassiez balancer en y mettant le feu.

Tour de la pièce de Monnaie.

Remplissez d'eau claire un gobelet de verre et mettez-y une pièce de monnaie (par exemple une pièce de deux francs); posez une main sous l'assiette dont vous devez couvrir ce gobelet et l'autre sur le gobelet, renversez le tout promptement, afin que l'air n'ayant pas le temps d'entrer, l'eau ne puisse s'échapper.

Si l'on regarde la pièce qui se trouvera alors sur l'assiette, elle paraîtra grande comme une pièce de cinq francs, et on la verra en outre dans sa même grandeur un peu élevée de cette première ; ce qui fera croire à ceux qui ne connaissent pas les effets singuliers de la réfraction, qu'il y a effectivement sous le gobelet une pièce de cinq francs et une de deux francs. Lorsqu'on sera assuré qu'on s'imagine qu'il y a deux pièces, on levera le gobelet, et l'illusion cessera.

Verre plein, renversé et bu sans répandre.

Emplissez votre verre plein de vin, couvrez-le de votre mouchoir, ramenez en dessous en les ser-

rant avec la main, les quatre coins de votre mouchoir, serrant fortement votre verre dans cette enveloppe, renversez-le en le posant sur la table, ap-
puyez votre main sur le fond du verre, en laissant
libre le mouchoir, et tirez vivement ce dernier ;
votre verre sera renversé plein sur la table, et
après une ou deux expériences vous exécuterez ce
tour sans qu'il s'épanche une seule goutte de vin
(voir fig. 21, A).

Si vous voulez boire le contenu de votre verre
une fois renversé sur la table approchez le sur le
bord en glissant et posez votre bouche à sa rencontre ainsi qu'il est indiqué B, alors vous attirez
à vous le liquide en humant absolument comme l'on
fait pour vider un œuf frais.

Une feuille de papier (fort en colle) peut remplacer le mouchoir et même, par l'effet de la compres-
sion de l'air, l'on peut tenir son verre élevé et renversé avant de le poser sur la table sans qu'il s'en
épanche une goutte.

La Chandelle phénicienne.

Mettez au bout de la pointe d'un couteau un petit
morceau de phosphore d'Angleterre de la grosseur
tout au plus d'un petit grain de millet, et ayant mou-
ché une chandelle, éteignez-là à dessein, prenez à
l'instant votre couteau, posez sa pointe sur le lumi-
gnon de cette chandelle, en écartant un peu la
mèche, et vous la verrez aussitôt se rallumer. Ob-
servez de ne pas la moucher de trop près, afin
qu'il y reste assez de chaleur pour ranimer plus
promptement les parties du phosphore.

Moyen de couper le Verre avec le feu et l'eau

Prenez un verre à patte, uni et un peu épais, et avec une petite mèche soufrée et allumée, chauffez ce verre en dehors près des bords, jusqu'à ce qu'il s'y fasse une petite fêlure, en tournant autour du verre et en suivant une ligne inclinée, qui, après cinq ou six circonvolutions, aboutisse au pied du verre, et vous ferez de ce verre une espèce de ruban dont les circonvultions se soutiendront quoique séparées lorsque vous tiendrez ce verre dans une situation renversée, et se rejoindront lorsque vous le remettrez dans sa situation naturelle.

NOTA. On peut se servir de cette méthode pour couper des tubes de verre; ce qui se pratique aussi en faisant un petit trait avec une lime à l'endroit ou on veut le séparer et en le faisant éclater à cet endroit, au moyen d'un fer chaud et anguleux qu'on y applique, et que l'on conduit suivant la direction qu'on a tracée.

Le verre à vitre, qu'on ne peut couper avec des ciseaux sans le briser en pièces, se coupe facilement si on tient le verre et les ciseaux plongés entièrement dans l'eau, nous recommandons pour cela un vase en terre vernissé, pour pouvoir retirer facilement les petits éclats de verre qui se cacheraient indubitablement à l'œil dans tout autre vaisseau et pourraient causer de graves accidents par imprévoyance,

Crayon sympathique pour écrire sur le verre.

Formez un crayon avec de la craie d'Espagne et du vitriol de Chypre, servez-vous-en pour écrire sur une glace ou morceau de verre, et effacez l'écriture avec un linge, lorsque vous voudrez la faire paraître il suffira de haleter sur cette glace : cette écriture paraît et disparaît à plusieurs reprises. On peut en faire usage pour différentes récréations.

Affinités et répulsions singulières.

Laissez éteindre à l'air de la chaux, détrempez-la avec du sang pur de bœuf ou de mouton, pour en former un mortier qui est d'abord fort rouge, mais qui devient d'une couleur verdâtre lorsqu'il est sec.

Si on remplit un verre d'eau et que l'on mette sur la surface deux petits morceaux de cette matière, leur attraction mutuelle s'annonce par un petit mouvement, mais bientôt on voit ce mouvement s'accélérer en ligne droite de leur tendance, il devient très-rapide lorsqu'ils sont prêts à se toucher.

Si avec la lame d'un couteau on les désunit, on remarque la résistance qu'ils opposent à leur désunion, et l'activité avec laquelle ils tendent à se réunir offre un spectacle qui a quelque chose d'animé, de curieux et de récréatif.

Si on met plusieurs parties de cette matière sur l'eau on les voit s'unir en chemin pour aller avec la même célérité s'unir à celles qui y étaient déjà et on les voit toutes réunies au centre du verre, si on les sépare, elles se réunissent encore, et en les agitant elles ne font que changer de point de contact, mais sans se séparer.

Jamais aucun de ces petits corps ne s'unit aux parois du verre, si on en approche quelqu'un, on voit qu'il en est brusquement repoussé.

L'eau la plus pure est la meilleure pour cette expérience.

Bouteille de verdure.

Cousez sur une bouteille ordinaire un bas de laine noire ou un morceau de tricot de laine noire aussi.

Délayez dans un peu de terreau humide une certaine quantité de graine de cresson alénois, frottez ce mélange sur la laine qui recouvre la bouteille.

Posez votre bouteille ainsi garnie sur une assiette avec un peu d'eau. Au bout de 3 ou 4 jours elle sera couverte de verdure. Plusieurs jours après, si vous voulez manger quelque chose qui ait le goût de fraises, vous couperez votre cresson, vous y ajouterez un peu de jus de citron et du sucre, et il vous semblera manger des fraises, aussi appelons-nous cela des fraises alénoises.

Cette recette serait tout naturellement mieux placée dans un volume de recettes culinaires, si nous n'avions pas à la recommander comme ornementation, ainsi que beaucoup de nos lecteurs ont été appelés à en voir sans y rien comprendre, car il est bien entendu que si vous voulez, vous pourrez tendre votre morceau de laine sur un vase de terre ou de cristal, comme les figures 22, 23 et 24, ou même quelques grandes statuettes, et de cette manière vous obtiendrez, non pas seulement, ainsi que nous l'annoncions au commencement de cet article, des bouteilles, mais des buissons de verdure gracieux et pittoresques. L'on voit que rien n'est plus facile à exécuter.

Manière de fondre toute sorte de métaux au feu d'une bougie ou d'une lampe.

Il faut prendre un gros charbon, y faire un trou ou une espèce de bassin, avoir une chandelle, une lampe ou une bougie et un chalumeau courbé, comme eux dont se servent les orfèvres pour souder ; mettre quelques grains de minerai ou de limaille de métal dans le trou pratiqué au charbon, souffler avec le chalumeau, et porter la flamme de la lumière sur le métal qu'on a mis dans le creux du charbon, que l'on tient exposé avec les doigts ; il s'allumera par ce côté, et le métal entrera parfaitement en fusion, on peut faire, de cette manière, une infinité d'épreuves en petit.

Si, dans une demi-coquille, de noix on met une pièce mince d'argent, et un mélange fait de trois parties de nitre ou salpêtre fin bien pulvérisé et séché sur une pelle de fer qu'on fait chauffer, auxquelles on joint deux parties de fleur de soufre et autant de vapeur de quelque bois tendre (il faut avoir attention de ne pas mêler la fleur de soufre avec le salpêtre tandis qu'il est encore chaud) ; on place la coquille ainsi chargée sur du sablon ou sur quelque support qui s'accommode à la convexité, avec une allumette on met le feu à la poudre qu'elle contient, la poudre s'enflamme, fuse quelques instants, et bientôt le métal fondu et très-ardent se ramasse au fond de la coquille, en forme de bouton qui se durcit. Jetez promptement la coquille dans un verre plein d'eau, dès que vous apercevrez le métal en fusion, sans quoi elle se percerait à l'endroit ou repose le métal fondu.

D'une pièce de monnaie en faire deux.

On suspend sa pièce sur trois épingles, et on allume de la fleur de soufre dessus et dessous. La partie la plus subtile du soufre se développe en brûlant, s'insinue de part et d'autres entre les parties du métal dilaté par le feu, forme dans l'intérieur de la pièce et selon son plan une couche de matière étrangère au métal, qui cause la division, et qu'on aperçoit quand les parties sont divisées. En exposant une pièce d'or au milieu d'une flamme continue de fleur de soufre, on parvient à enlever pour 62 cent. 1/2 d'or, en consommant pour 2 fr. 12 c. de soufre.

Il est à croire que ceux qui altèrent la monnaie du prince n'auront pas recours à l'expédient dont nous parlons ici, pour faire fortune.

Tirer un coup d'arme à feu chargé à balle sur quelqu'un sans le blesser.

En prenant une balle qui ne soit pas de calibre, et mettant un peu de poudre dessous et beaucoup pardessus, on peut tirer avec un très-grand bruit et sans aucun effet sensible.

Clou dans la tête.

On se l'introduit dans les narines, et tenant un marteau avec sa main droite, on l'enfonce presque entier par plusieurs petits coups de marteau.

L'enfoncement du clou est d'autant plus facile que le creux interne de chaque narine va tout droit jusqu'à la cloison ou valvule du palais, et que l'on peut, sans aucune difficulté, glisser directement jusqu'à la partie antérieure de l'os occipital, un clou de la grosseur d'un tuyau de plume, pourvu qu'il soit arrondi dans toute sa longueur, sans pointe ou fort émoussé.

Ces clous, qui ne portent que sur des parties osseuses, savoir : la pointe contre l'allongement de l'os occipital, et vers la tête, sur les bords osseux de l'ouverture antérieure des narines, sont en état de porter un poids plus ou moins fort. Les parties osseuses deviennent calleuses et insensibles par l'habitude.

Le tour du sable,

Expérience de magie Indienne.

Les Indiens font un tour adroit, qu'ils nomment le *Tour du sable.*

Dans un grand vase ou chaudron, ils versent de l'eau ; puis, avec de la bouse de vache ; il la trouble au point qu'on ne puisse voir le fond du vase ; ils ont, dans de petits sacs, du sable sec de deux couleurs, ordinairement du rouge et du blanc ils ôtent ce sable de leurs sacs, et le mettent par petits tas, à côté d'eux, puis ils prennent une poignée de rouge, par exemple, le mettent au fond du vase, retirent la main après avoir suffisamment remué l'eau, pour donner à entendre que le sable est mêlé dans toute la masse du liquide ; ils font de même pour le sable blanc. Il faut remarquer qu'ils ont les bras découverts jusqu'au coude au moins, souvent jusqu'à l'épaule. Ces sables ont l'air d'être mêlés ensemble au fond du vase. Après cela ils vous demandent *quel sable voulez-vous ?* Si vous demandez le rouge comme vous semblant le plus difficile à avoir, ils ne se trompent point ; ils le reprennent sans avoir été mélangé, vous disent d'ouvrir la main, vous le font couler grain à grain dedans, et ce sable est aussi sec qu'il l'était avant d'avoir été mis dans l'eau : ce sera la même chose pour le sable blanc.

On serait tenté de croire que ce tour tient à l'escamotage ; mais il n'en est rien. Il suffit de fricasser le sable dans un pot enduit avec un peu de cire, de le remuer et le frotter contre le fond du pot, au moyen d'un petit tampon de linge, ce qui fait que chaque grain de sable se trouve enduit de cire, sans qu'il le paraisse. Cela fait, en prenant une poignée de sable et la serrant dans sa main, il se met en pelote, il reste dans cet état au fond de l'eau, dans le vase, sans que l'eau puisse le pénétrer ni le mouiller. Quand on le froisse légèrement entre les mains, la pelotte redevient en grains, et ainsi on les fait filer et tomber peu à peu dans les mains des spectateurs.

Ramasser au fond de l'eau ce qu'on y aura mis et cela sans avoir la main ni le bras mouillés.

On met dans un vase une pièce de monnaie, on le remplit d'eau ; on répand sur la surface de l'eau de la poudre de *Lycopode* ou soufre végétal ; à l'instant ou vous mettez la main, cette poudre s'attache exactement sur la peau, vous plongez jusqu'au fond de l'eau, vous en sentez la fraîcheur, votre main n'est point mouillée, et la poudre elle-même n'est point attaquée par l'eau. La poussière des étamines de toutes les plantes paraît avoir la même propriété que celle de Lycopode.

Verre qu'on ne peut changer de place sans verser l'eau qu'il contient.

Remplissez un verre d'eau, et ayant appliqué par dessus un morceau de papier qui couvre le liquide et les bords du verre, posez la paume de la main gauche sur ce papier, et prenant le verre de l'autre main, renversez-le très-promptement, et placez-le sur une table dans un endroit qui soit assez uni, retirez doucement le papier, l'eau contenue dans le verre y restera suspendue, attendu que l'air n'y pourra entrer, mais on ne pourra l'ôter de sa place sans qu'elle se répande entièrement.

Bouteille qui se vide en la débouchant.

Ayez une bouteille de fer-blanc dont le fond soit percé d'une infinité de petits trous, plongez-la dans l'eau jusqu'à ce qu'elle se soit remplie par le bas, quand elle sera pleine, bouchez-la, alors l'eau sera retenue, mais on ne l'aura pas plus tôt débouchée, qu'elle s'écoulera. On peut faire la même chose avec une pomme d'arosoir dont on a exactement fermé la branche avec un bouchon,

Papier oracle.

On peut causer de l'amusement parmi des jeunes gens, en écrivant avec de l'encre noire plusieurs questions sur différents bouts de papier, et ajoutant à chacune une réponse convenable, écrite avec du nitro-muriate d'or. On fait sécher la collection, et on la met de côté jusqu'à ce qu'on ait une occasion de s'en servir. Lorsqu'on montre les réponses elles sont invisibles. On prie quelqu'un de choisir les réponses qu'il voudra, et l'on promet que si on les met près du feu pendant la nuit, on trouvera le matin des réponses écrites au-dessous des questions.

C'est ce qui arrivera si l'on met les papiers dans une situation chaude et sèche. Cette expérience peut se faire à l'aide de toutes les encres sympathiques, nous en avons publié une recette dans les *Tours de Physique.* (Voir à la même librairie.)

Antre de la Sibylle.

Ecrivez plusieurs questions et réponses, comme dans l'article précédent; au lieu de nitro-muriate d'or prenez le jus d'un citron ou d'un oignon, que quelqu'un choisisse une question, on la place dans une boîte appelée *Antre de la sibylle.* Cette boîte doit avoir un fer chaud sous un faux fond d'étain : lorsqu'on y met le papier, la chaleur fait paraître la réponse; vous l'ôtez alors, la montrez à la personne qui choisit la réponse, et aussitôt qu'elle l'a lue mettez-là de côté, la réponse disparaît lorsque le papier se refroidit.

La Bouteille lumineuse ou la lampe du poëte.

Il est facile de préparer une bouteille ou fiole qui éclaire assez pendant la nuit pour que l'on puisse distinguer sans peine l'heure sur le cadran d'une montre, ainsi que d'autres objets ; bien préparée elle permet même d'écrire auprès.

On peut prendre une fiole de verre blanc bien clair et de forme allongée. On fait chauffer dans un vase quelconque de la bonne huile d'olive; quand elle est bouillante, on jette dans la bouteille un morceau de phosphore de la grosseur d'un pois tout au plus, et l'on verse, avec précaution, l'huile dessus, jusqu'a ce qu'il y en ait un tiers de

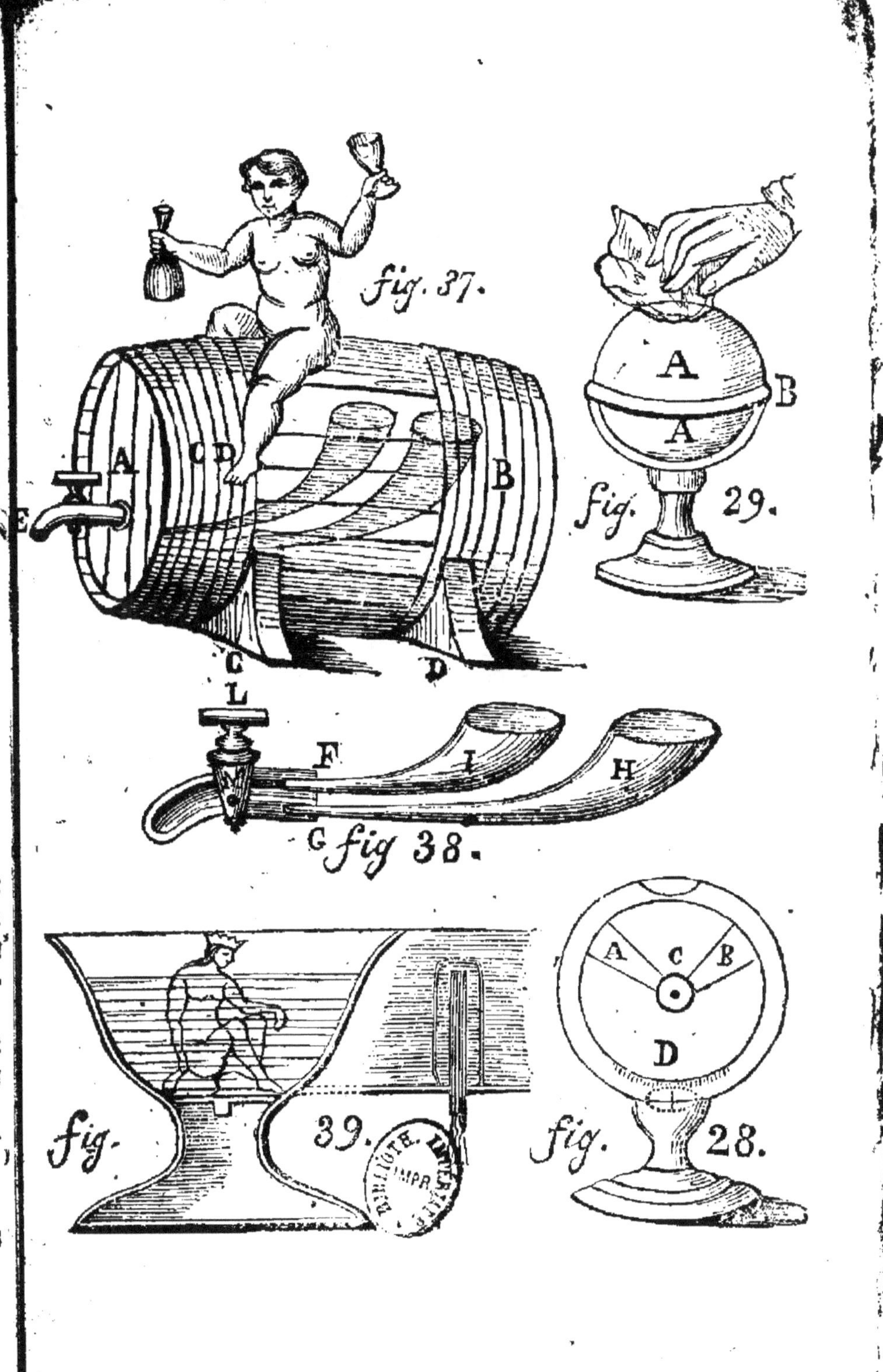

fig. 37.
A C D
B
E
C
D
L
F
I
H
G fig. 38.
fig. 39.
A
A
B
fig. 29.
A c B
D
fig. 28.

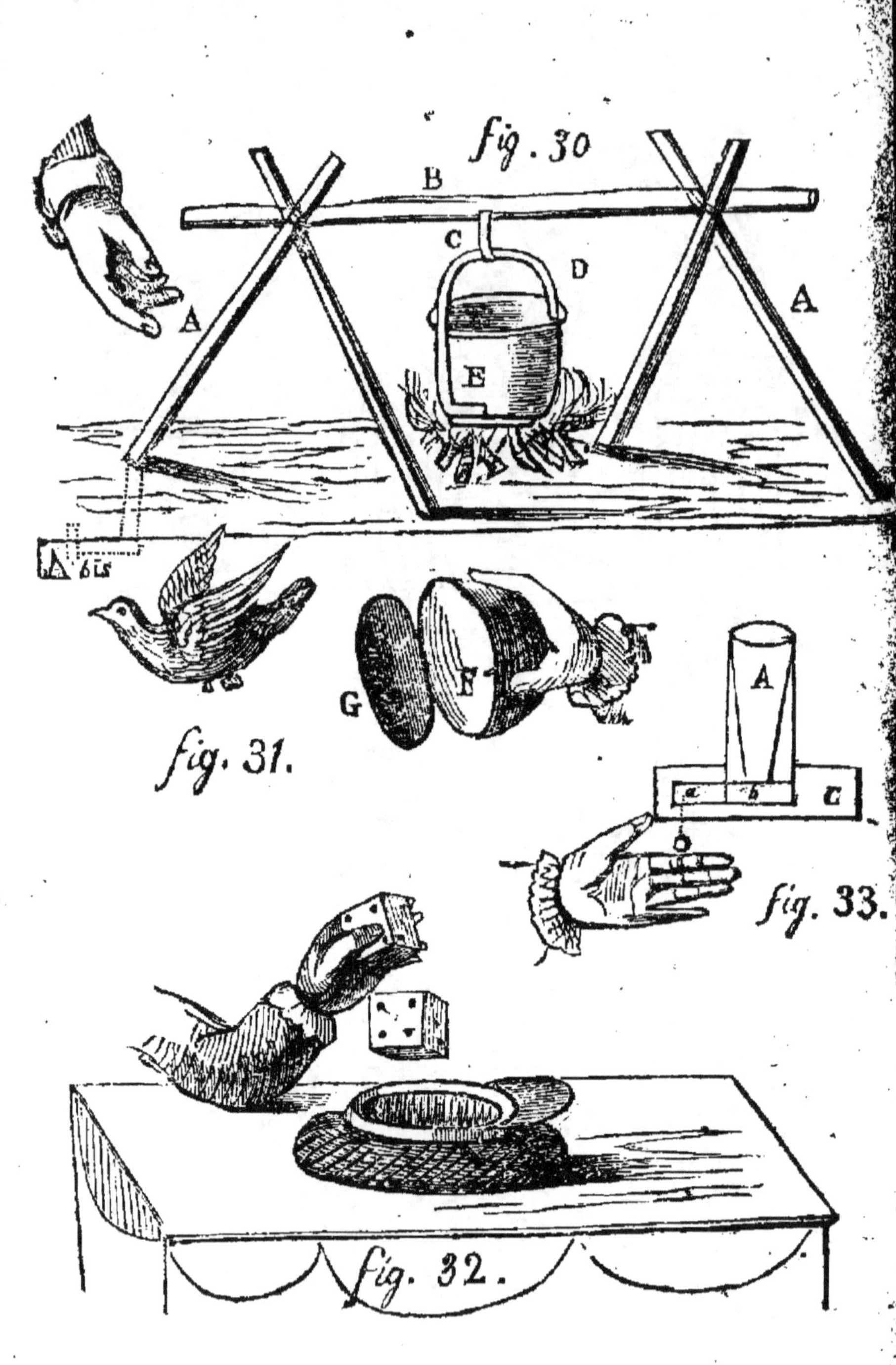

fig. 30
B
C
D
A
A
E
A bis
G
F
A
a
b
c
fig. 31.
fig. 33.
fig. 32.

la fiole. On la bouche bien ; et quand on veut s'en servir, on soulève le bouchon pour y laisser entrer l'air extérieur puis on la rebouche ; l'espace vide de la fiole paraîtra enflammé et donnera autant de clarté qu'une lanterne sourde ordinaire. Chaque fois que la lumière disparaîtra, on soulève de nouveau le bouchon et elle reparaîtra à l'instant.

Il faut observer que pour peu que le temps soit froid, il est nécessaire d'échauffer la fiole dans les mains avant de soulever le bouchon, sans cette précaution, elle ne donnerait point de lumière.

Une fiole ainsi préparée peut servir tous les jours pendant six mois : elle n'offre aucun danger pour le feu et ne coûte presque rien.

La vache du diable ou moyen de rendre le lait lumineux.

On rend le lait lumineux en y plongeant une pholade. Un de ces poissons suffit pour donner de la lumière à 7 onces de lait, qui, en devenant lumineux, paraît devenir transparent. M. Monroy, chimiste et physicien de Paris, fut convaincu qu'il fallait de l'air pour produire cette lumière, car, ayant rempli un tube de lait rendu lumineux de la manière précédente, il ne put faire dégager de la lumière qu'en faisant entrer de l'air dans le tube. Le nom de vache du diable est donné à un tour qui consiste à se faire remettre une jatte de lait par une personne pouvant garantir l'avoir trait ou vu traire, alors le physicien en la recevant y introduit, ainsi que nous l'avons dit, une pholade, au milieu d'un certain verbiage, qui au moment ou le lait s'enflamme augmente l'illusion. Le jus de ce poisson, réduit en pâte avec de la farine, donne beaucoup de lumière plongé dans l'eau chaude.

La pholade conservée dans du miel, a la propriété de demeurer lumineuse pendant plus d'un an, et, en effet, en la plongeant dans de l'eau chaude, elle donne autant de lumière que si elle était fraîche.

D'après ces notes, combien de tours de prestidigitation ne peut-on point exécuter.

Valise aux apparitions et aux restitutions.

Indiquer et décrire cette boîte c'est donner la clef d'un nombre infini de tours que l'on peut renouveler et imaginer (Voir la fig. 25).

Cette valise ou boîte est cylindrique A, en carton, bois des îles, ou fer-blanc, peinte en couleur de cuir, ou décorée d'arabesques imitant les meubles dits de boule; l'intérieur est garni d'un double fond, mobile ou tournant sur lui-même, au moyen d'un axe central B. En plaçant un objet quelconque en C, si, après avoir fermé la boîte, on fait décrire à l'axe une demi circonférence, cet objet passe en D, et disparaît. On ouvre la boîte qui paraît vide, ou qui paraît enfermer un autre objet placé dans la partie D, avant l'expérience.

Il faut peindre en noir le fond de tous ces appareils.

La boîte aux disparitions ou le coffret magique.

Cet appareil, fig. 26, ressemble beaucoup à celui de la dernière expérience ; c'est un coffre de bois, dont le fond A est caché par une cloison mobile B, presque verticale, derrière laquelle on met divers objets, tels que des fleurs, des cartes, des bijoux, des oiseaux, etc.

En plaçant dans la cloison C, divers objets peu volumineux, tels que des rubans, une lettre, etc. et fermant le coffre, on abaisse la cloison B, et les objets qui sont derrière passent dans la cloison C. On construit aussi ce coffre avec une cloison moyenne fixe, et quand on veut après les métamorphoser, on le retourne adroitement.

Le verre de Bordeaux changé en une pluie de fleurs et de feuilles de roses.

Ce tour est extrêment simple, et n'est réellement qu'une illusion d'optique. On se fait verser à boire ; quand on a vidé son verre, on fait avec le bras un mouvement comme si on laissait tomber le verre et qu'on voulût le retenir ; on le laisse alors tomber entre ses genoux ou sur la servante de la table, ou dans sa serviette, on fait avec la même main un mouvement d'élan vers le ciel (voir la fig. 27.), comme si on y jetait le verre et l'on jette vivement en l'air des fleurs ou feuilles de roses, que l'on tient cachées entre ses doigts, ou bien l'on a su se munir d'avance d'un verre double entre les parois duquel a été introduit du vin, par une ouverture rebouchée ensuite, et le milieu du verre est rempli des fleurs qui en doivent sortir au moment d'exécuter ce tour. Le spectateur attentif au mouvement que vous avez exécuté en faisant le geste de lever le verre en l'air et voyant tomber cette pluie de fleurs, croit à une réelle métamorphose.

La boîte à la pièce de cinq francs.

On adapte à une tabatière un ressort semblable à celui que l'on adapte à l'aiguille d'une boussole pour l'empêcher de balloter en voyage ; ce petit ressort, à la volonté du physicien, presse et rend immobiles les objets, tels qu'une pièce de monnaie, un dé, que l'on renferme dans cette boîte, une pièce de cinq francs se fait ou ne se fait pas entendre, suivant qu'on laisse le ressort libre ou qu'on le presse.

Vase et boule au mouchoir.

On a vu cent fois un prestidigitateur demander un mouchoir, le déchirer, le brûler et le faire retrouver intact ; cette récréation qui se fait par escamotage ou par compère, n'est ni savante ni difficile. On fait la même expérience au moyen d'un appareil ingénieux : on construit, en fer-blanc, une bascule, fig. 28, dont la partie supérieure présente en A et en B deux cavités; cette bascule, supportée par un axe C, s'incline à droite ou à gauche, au moyen d'un engrenage D, qui repond à une roue horizontale et dentée; on place cet appareil dans un vase tout-à-fait semblable à celui que nous avons décrit, page 53, dans l'ancienne et nouvelle collection de *Prestidigitation* et d'*adresse* (voir à la même librairie), l'une et l'autre de ses cavités répondent à l'ouverture de ce vase, moyennant qu'on tourne le pied de droite à gauche ou de gauche à droite. Pour faire l'expérience du mouchoir, on emprunte un mouchoir blanc ; on le place dans la boîte, on tourne le pied, il se présente à l'ouverture une autre cavité dans laquelle on a caché un mouchoir également blanc, avant de faire l'expérience on prend ce mouchoir, on le déchire et on le brûle ; on remet la cendre dans la boîte ; on la ferme, on prononce des paroles magiques ou, comme on dit vulgairement, un *boni-ment*, afin de détourner l'attention de la main qui tourne le pied, pour ramener le premier mouchoir vis-à-vis l'ouverture ; on le montre aux spectateurs surpris de le trouver intact.

Un perfectionnement vient d'être apporté de nos jours à ce tour. L'on se sert d'une boule, fig. 29, formée de deux demi-sphères réunies AA, par un cercle horizontal B, sur lequel elles tournent légé-rement l'une à droite l'autre à gauche, à l'intérieur est renfermée une autre boule mobile, creuse également, et divisée en deux ou trois compartiments, avec une ouverture pour chacun, et retenue au milieu du cercle susdit, par deux espèces de vis libres placées comme aux extrémités de son diamètre, enfin l'une ou l'autre des ouvertures des divers compartiments vient correspondre à l'ouverture de la sphère supé-rieure dès qu'on la fait tourner de haut en bas ou de droite à gauche, et le lecteur pourra sans peine comprendre l'avantage que l'on en pourra tirer, d'après les détails que nous avons donnés au com-mencement de cet article.

La marmite diabolique.

Ce tour est perfectionné aujourd'hui, figurez-vous une marmite suspendue comme cela ce pra-tique dans les camps (voy. la fig. 30.)

Un des bâtons A, soutenant la marmite, est creux ; il pénètre d'un bout dans le plancher et s'adapte de l'autre hermétiquement à la barre transversale B, creuse également, ainsi que le crochet C, et l'anse D de la marmite qui se prolonge d'un côté jusqu'au fond du vase E. Le vide se fait dans ces différents conduits avec une pompe aspirante A *bis*, manœu-

vrée par un servant, l'eau qu'on y verse disparaît
donc instantanément, sans que les spectateurs puissent en juger ; à l'égard des volatiles vivants qui s'en
doivent échapper, c'est dans le couvercle de la marmite qu'on les renferme à l'avance, et dont un
petit bouton F fait tout le service (voy. fig. 31.)
en laissant échapper un faux-fond G au fond de la
marmite.

La boîte aux dés.

On a plusieurs dés de fer blanc, peints et vernis,
dont un des côtés est ouvert ; on a plusieurs boîtes
qui ont la forme cubique de ces dés et qui les con-
tiennent exactement, on a d'autres dés de la même
dimension et dont tous les côtés sont entiers et fer-
més : un de ces dés étant placé dans une boîte, son
côté ouvert du côté des couvercles, on y tasse un
mouchoir, on présente un autre dé sur la table,
dont le côté ouvert soit en bas, en sorte qu'il présente ses cinq faces aux yeux des spectateurs, on le
couvre d'une autre boîte, et l'on annonce qu'il va passer dans la boîte où est le mouchoir et prendre sa place,
on ferme celle-ci, et dans son couvercle se trouve
la sixième face du dé qu'elle contient qui s'y adapte
parfaitement, quand on l'ouvre, ce dé paraît être
entier et le mouchoir a disparu. On renverse l'autre
boîte qui ne présente rien, puisque le dé qu'elle renferme a sa face ouverte du côté de la table.

Un dé qui passe partout.

Au travers d'une table, d'un chapeau, ou de tout
autre objet, vous dites que vous allez faire passer
un des deux dés que vous tenez en main, il est bon
de dire que l'un des deux n'est, comme on vient de

l'indiquer plus haut, que l'étui de l'autre ; c'est-à-dire un dé ayant un côté ouvert, et que vous enlevez ou faites retomber en pressant les parois de celui qui sert à emboîter son semblable (voyez la fig. 32.)

Autre expérience avec des dés.

On a une boîte oblongue à trois cavités, pouvant contenir chacune un dé ; on présente, sur une des ouvertures de cette boîte, un dé, afin de faire voir qu'il peut y entrer, et en même temps on laisse glisser dans la boîte un autre dé que le premier enveloppe. On ferme de suite la boîte, et l'on pose le premier dé sur la table, par sa surface ouverte. On fait voir qu'il n'y a rien dans la boîte en ouvrant un des trois petits couvercles adaptés à chacune de ces cellules, et en faisant glisser le dé dans les cellules dont le couvercle est fermé ; on fait croire ensuite qu'on fait passer dans cette boîte le dé qui est sur la table ; pour cela, on le couvre d'une boîte cubique qui s'y adapte entièrement et après que l'on a montré le dé dans la boîte longue, on renverse la première : toutes les faces des dés y sont cachées, et on le croit réellement changé de place.

Le coup de dés invariable.

Un cornet, fig. 33, repose sur un pied B, sous lequel est une pièce en forme de tiroir ; on dispose en *a* deux dés ; quand on a jeté au fond de la boîte les dés *b*, on les fait glisser en *c* par le mouvement du tiroir ; alors les dés placés préalablement en *a* sont transportés en *b*. On peut également faire présenter constamment la même face à une pièce de monnaie.

De plus fort en plus fort,
Escamotage d'un spectateur.

A l'annonce de cette expérience nos lecteurs vont sans doute se sentir disposés de crier au miracle, à la magie, au sortilége, et nous croire pour le moins un des sectateurs ou affidés d'Astaroth, Belzébuth et autres habitants de l'infernal empire; halte! leur disons-nous, revenez sur notre compte d'un si ténébreux jugement; le tour que nous vous promettons sous l'apparence d'un fait extraordinaire est pour le moins aussi simple qu'un tour de gobelet où passe et repasse la modeste muscade; voici tout le mystère : L'on fait monter sur la table du prestidigitateur, asseoir ou tenir debout un compère, on le coiffe entièrement d'un énorme entonnoir d'osier couvert en papier, A, fig.34, et frappant dessus avec la baguette cela donne avis au servant de faire jouer une trappe B, par laquelle le personnage caché disparaît sous la table, dans un soufflet de toile qui se développe au point de lui offrir une cachette convenable; une opération inverse le fait reparaître lorsqu'on le désire. Lorsque c'est une personne de la société, qui figure dans cette expérience, la table ne sert plus, une trappe ménagée dans le plancher de l'estrade ou du théâtre C, fig. 35, livre un passage à celui que l'on fait disparaître, de même qu'à l'entonnoir qui le recouvre, et d'où ne sortant pas, ne peut juger de l'effet de sa disparition dans la salle, dans cette occasion un second entonnoir E servant de recouvrement au premier et trop large pour traverser la voie que nous venons d'indiquer, reste exposé aux yeux des spectateurs, et produit une illusion complète (voy. fig. 35), pour l'effet et les lettres C, D, E.

Pédales et tables à secrets,

pour l'intelligence des expériences décrites.

On donne le nom de pédale à un instrument fig. 36, composé d'un cylindre A, B, renfermant un ressort à boudin fixé en A ou un barrillet fixé en B; à ce ressort est adapté une tige d'acier C, qui sort par le centre D, d'une plaque qui se fixe à la table par la vis *i, i, i, i*, à la partie inférieure du ressort est adapté un cordonnet en soie qui passe sur la poulie *l*, quand on tire le cordonnet M, le ressort se lève, et la tige C sort par le trou D. Si, au lieu d'un ressort à boudin, on a placé un barillet au fond d'un cylindre, il se roule et se déroule par les tractions, laisse sortir la tige C, et favorise sa rentrée. On fait passer le cordonnet dans le pied creusé de la table, et on le dirige où l'on juge à propos.

On pose sur la table toutes sortes de machines, un moulin, un automate qui frappe les heures, tire un coup de fusil, prononce quelques paroles et un mouvement dit *perpétuel*, etc., et on les fait mouvoir à la volonté du physicien, et au commandement des spectateurs. Il n'y a pas de cabinet bien montés, qui n'ait une table semblable, de même qu'un appareil voltaïque indispensable aux scènes compliquées de la prestidigitation moderne.

Faire fondre une balle de plomb dans un morceau de papier.

Enveloppez une balle de plomb dans un morceau de papier, en appliquant bien le papier sur le métal; en l'exposant sur la flamme d'une chandelle, la balle fond sans que le papier soit endommagé.

Prendre l'empreinte d'une figure en creux dans un morceau de papier avec du plomb, de l'étain ou du bismuth fondus.

Placez un morceau de papier sur une médaille en relief; faites-lui en prendre la forme avec une pointe mousse de bois dur, ou une brosse rude ou même avec la tête d'une grosse épingle; faites un rebord à cette empreinte, et coulez-y le métal en fusion, pour en éprouver la chaleur trempez dans le métal un morceau de papier et ne coulez votre empreinte que lorsqu'il ne s'enflamme plus.

Imprimerie typographique de ménage,

Au moyen de laquelle chacun peut librement reproduire et multiplier sa pensée.

Sur une plaque métallique entourée d'un rebord d'environ un millimètre de saillie, on coule un mélange de cire, de suif et de savon; on écrit alors avec un carrelet ou poinçon d'acier d'une forme, se rapportant aux plumes ordinaires; on écrit, disons-nous, sur cet enduit, en pénétrant jusqu'au métal. La page tracée, on coule du plâtre fin sur la forme qu'on entoure au préalable d'un rebord de papier d'un centimètre de haut; on fait pénétrer avec un blaireau du plâtre fin gâché clair dans les tailles, quand il est pris, on présente la plaque au feu; l'enduit se fond, entre dans les pores du plâtre qu'il durcit, et l'on obtient une forme en relief, de l'écriture aussi nette et plus ferme que celles de la stéréotypie, on se sert d'un rouleau ordinaire d'imprimerie, puis on applique une feuille de papier sur la forme de plâtre et à l'aide d'une brosse douce on frappe quelques petits coups sur le papier, qui prend aussi bien l'empreinte que sur une presse ordinaire; on recommence la même manœuvre, et l'on arrive à tirer facilement deux cents épreuves par heure.

Toucher un morceau d'étoffe avec un charbon embrasé, sans le brûler.

Etendez et appliquez le morceau d'étoffe sur la surface d'un morceau de métal froid, telle qu'une poche de fer, une cuillère, une boîte de montre; frottez ensuite l'étoffe avec le charbon; celui-ci s'éteindra sans endommager l'étoffe; entourez de fil un œuf frais, faites-le cuire au milieu de la cendre embrasée, le fil ne brûlera pas.

Miroir concave.

Un miroir concave est composé d'une glace ronde, courbée en portion de sphère, doucie et polie, de manière à avoir partout une épaisseur égale. La surface convexe est étamée. Cette glace est enfermée dans une bordure de bois noir, de laquelle sortent à droite et à gauche les extrémités de l'axe de ce miroir qui sont appuyées horizontalement sur un demi-cercle de cuivre poli, terminé par un pivot vertical qui s'enfonce dans un pied de bois tourné et noirci. Cette construction donne à ces miroirs toute la mobilité nécessaire aux expériences pour lesquelles ils servent.

La bouteille qui se vide et semble se remplir.

Tournez le derrière du miroir concave vers la fenêtre afin que ce que vous présenterez devant soit bien éclairé, si c'est la nuit, vous mettrez deux bougies allumées à coté du miroir, mais un peu en arrière ; il faut que le centre du miroir se trouve seulement un peu plus bas que l'œil du spectateur qui se tient debout, tout étant ainsi disposé, ayez une bouteille de verre à moitié pleine et bien bouchée, placez-là en face du miroir concave, et en-deçà du foyer des rayons parallèles, d'abord elle paraîtra en-deçà du miroir et renversée, et la partie vide de la véritable bouteille semblera pleine dans la bouteille apparente et *vice versa*, si l'on renverse, la bouteille est renversée, on ôte son bouchon, et qu'on laisse couler l'eau doucement, la partie vide de l'image semblera se remplir. Aussitôt que la bouteille sera entièrement vide, l'illusion cessera. Si pendant qu'on tient renversée cette bouteille à moitié pleine, il y a quelques gouttes d'eau au fond de cette bouteille qui tombent vers le goulot, il semble voir dans l'image une bulle d'air, qui monte de bas en haut.

Lire à la clarté d'une bougie distante de 500 pas.

Si l'on place pendant la nuit une grosse bougie au foyer d'un miroir concave disposé verticalement, son centre étant à la hauteur des yeux d'une personne, à quelque distance que cette personne se recule du miroir, en suivant la ligne de direction de son centre et de son foyer, elle verra toute la surface du miroir au feu, et si éclatante qu'elle aura peine à en soutenir l'impression, si elle place alors un livre qui reçoive la colonne, elle y lira d'autant plus aisément que la nuit sera plus obscure.

Fig. 34
A
Fig 36
A
L
I
C
M
B
E
D
Fig. 35

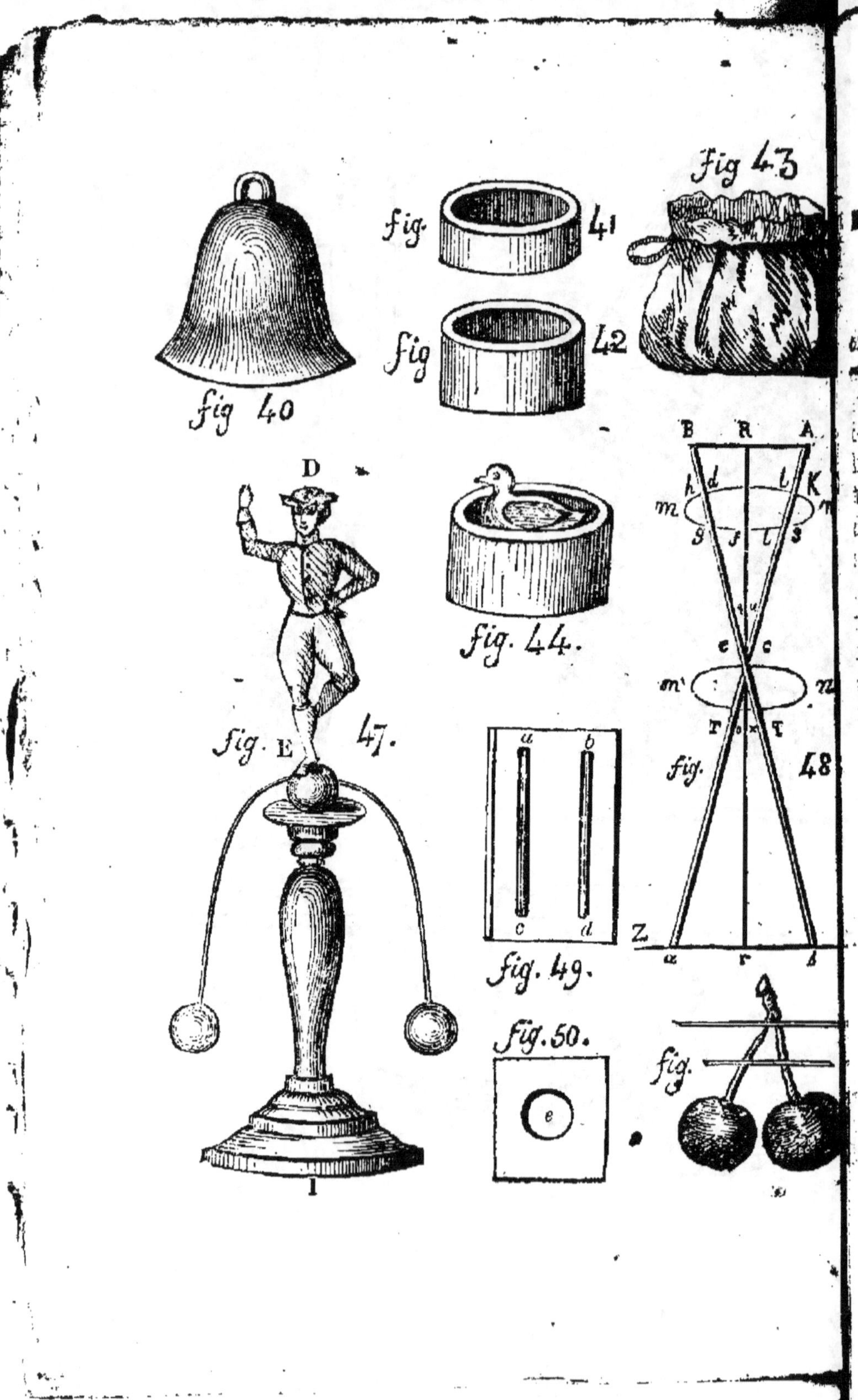

fig. 40
fig. 41
fig. 42
Fig. 43
D
fig. E 47.
fig. 44.
B R A
h d l K
m
g f l s
e c
m' n
r x T
fig. 48
Z a r b
fig. 49.
a b
c d
fig. 50.
e
fig.
I

Moyen de voir ce qui se passe chez les voisins.

Ayez un miroir que vous inclinerez de quarante-cinq degrés au fond d'une boîte dont le devant restera entièrement ouvert. Faites au côté de la boîte vers lequel le miroir est incliné, un trou de deux pouces de diamètre ou environ, pour recevoir un tuyau de la longueur qu'on le veut avoir : au lieu de ce tuyau, l'on fera mieux de former avec quatre planches minces une pyramide carrée dont le sommet soit ouvert pour y placer l'œil, et de peindre le dedans en noir, avec cet instrument l'on peut voir par dessus la muraille d'une ville ou d'un jardin, dans une chambre voisine, sur la même ligne de celle ou l'on est, pourvu que la fenêtre en soit ouverte, et qu'il y ait assez de lumière.

Lunette avec laquelle on voit à travers les corps.

Instrument qui se voit souvent dans les fêtes et promenades publiques.

L'on fera faire un tuyau de carton de forme carrée d'environ deux pouces et demi de long sur huit lignes de large; on divise sa longueur en trois parties égales. Dans chacun des espaces des extrémités l'on place un miroir plan, incliné à 45°, et opposé l'un à l'autre; l'espace du milieu est percé en dessus et en dessous d'une ouverture circulaire correspondante; en face de chacun des miroirs inclinés, on fait une pareille ouverture circulaire, mais du côté seulement où correspond la surface du miroir. L'on adapte un manche à cette petite boîte, et pour la déguiser sous la forme d'une lorgnette, l'on a un cercle de bois d'un pouce d'épaisseur, creux en dedans sur sa longueur et sur son épaisseur, afin que la pièce ou tuyau ci-dessus puisse y rouler librement; le diamètre de ce cercle sera de même longueur que le tuyau; l'on ménagera au centre et des deux côtés de ce cercle un trou circulaire, que l'on couvrira d'un verre convexe d'un pouce et demi de diamètre, sous lequel on mettra un diaphragme pour en réduire l'ouverture de cinq à six lignes. Lorsque le tuyau, garni de ses deux miroirs, sera entièrement enfoncé dans ce cercle, si on regarde quelque objet au travers de cette lunette, on le verra de même que si on le regardait avec les lorgnettes ordinaires. Si, au contraire, on retire le tuyau de manière que, par l'ouverture de l'extrémité de la boîte, l'objet aperçu paraisse toujours être vis-à-vis de l'œil, a l'on pose alors la main ou quelque corps opaque de l'autre côté de son ouverture, il semblera que l'on aperçoit les objets au travers de sa main, et qu'elle se trouve percée à jour. Lorsqu'on veut s'amuser, il faut d'abord donner la lorgnette à voir, et la reprendre ensuite, afin qu'en la présentant soi-même vi-à-vis de l'œil de la personne, on puisse reculer subitement le tuyau. Il est nécessaire aussi, afin que d'autres personnes ne puissent découvrir le trou, qui est alors démasqué, de faire regarder un objet posé à plat sur une table.

Microscope à la portée de tout le monde.

Il ne s'agit que de placer une goutte d'eau dans un petit trou, fait dans un morceau d'une lame mince de laiton ou de plomb; cette goutte d'eau, réunie en globule par la pression de l'air, prend une forme convexe, et, rendant les rayons convergents, grossit les objets.

L'œuf qui s'enfonce à volonté.

Un œuf surnage sur de l'eau salée, il s'enfonce dans l'eau douce.

Obtenir des jets de feu dans l'eau.

Mettez dans un verre d'assez grande dimension huit gros d'acide nitreux, introduisez ensuite dans ce verre, en le faisant couler lentement le long des parois, trois gros d'eau. Jetez-y gros comme un pois de phosphore et 15 grains de chlorate de potasse, et vous avez une vive inflammation sous l'eau pendant que des rayons de flammes s'élanceront à la surface.

Changer du vin rouge en vin blanc.

Introduisez-y du noir animal ou du charbon pilé; agitez le mélange, laissez reposer et filtrez. On purifie ainsi les eaux les plus sales.

Eau bouillant à la minute.

Mettez dans une bouteille de verre très-fort deux parties d'acide sulfurique contre une d'eau, le liquide entrera sur le champ en ébullition.

Couper un bout de ruban et lui rendre sa longueur.

On mouille le bout d'un ruban et on le plie adroitement; on fait couper à l'autre bout un fragment de même longueur; en le secouant alors, le fragment replié s'étend et la même longueur se retrouve.

Bois incombustible.

Jetez au feu un morceau de bois, trempé dans une dissolution de terre silicieuse et d'alcali caustique, et bien séché ensuite ; il ne se brûlera pas.

La balle charmée.

Une balle faite avec de l'étain et du mercure, tombe en dissolution au moment ou le coup part.

Enlever une bouteille avec une paille ployée.

Ployez l'extrémité d'une paille entière de froment, introduisez-la dans une bouteille ; cette paille en se déployant formera un angle ou un crochet, au moyen duquel vous soulèverez facilement la bouteille vide, et même la bouteille remplie d'eau ou de vin.

Jeter avec la plus grande force sur le sol un objet très-fragile sans le briser.

Façonner un morceau de mie de pain tendre en étoile, en le pressant entre vos doigts : cette étoile fragile ne se brisera pas lorsque vous la jetterez sur le sol, quelle que soit la violence du choc.

Le petit Bacchus.

Il faut avoir un petit tonneau de bois, de 7 à 8 pouces de longueur et de 4 de diamètre, sur lequel on place une figure de Bacchus enfant (fig. 37). Ce petit tonneau doit reposer sur un châssis C D, afin qu'il ne puisse rouler ni pencher de côté ou d'autre. Son fond A, s'ouvre à l'endroit où les cercles C et D

se touchent, ce qui contribue à masquer cette ouverture ; E, une fontaine de cuivre placée vers le bas de
ce tonneau et dont la partie qui y entre a deux
ouvertures différentes percées l'une au-dessus de
l'autre à deux lignes de distance. Ces ouvertures
aboutissent à deux entonnoirs H et I, qui sont
soudés; L est un robinet percé de deux trous M et L,
qui répondent exactement aux deux ouvertures
F et G de cette fontaine. Ces trous sont placés de
manière que si celui M répond à l'ouverture F, et
donne issue à la liqueur contenue dans l'entonnoir
A, celui N ne répond pas alors à l'ouverture G et
pareillement, lorsque ce dernier répond à cette ouverture, celui M ne répond plus à l'ouverture F, au
moyen de quoi on peut donner ici l'une ou l'autre
des deux liqueurs contenues dans les entonnoirs ,
comme il est aisé de le voir par la construction do
ce robinet (fig. 38).

Le supplice de Tantale.

Prenez un vase de métal A, B, C, D, (fig. 39),
partagez en deux cavités par le diaphragme F. Le
milieu est percé d'un trou rond propre à recevoir
un tuyau M, S, de deux lignes de diamètre et dont
l'orifice inférieur doit descendre quelque peu
au-dessous du diaphragme. On couvre ce tuyau d'un
autre un peu plus large, fermé par en haut et
ayant en bas, sur le côté, une ouverture, en sorte que,
lorsqu'on versera de l'eau dans le vase elle puisse
s'y insérer entre deux, et monter jusqu'à l'orifice supérieure S du premier ; enfin l'on masquera ce mécanisme par une petite figure dans l'attitude d'un homme
qui se baisse pour boire, et dont les lèvres seront un
peu au-dessus de l'orifice S, l'eau que l'on versera

dans ce vase n'aura pas plutôt touché les lèvres de la petite figure, que surpassant l'orifice S, elle commencera à s'écouler par le tuyau S, M, et il s'établira un mouvement de siphon, en vertu duquel l'eau s'écoulera jusqu'à la dernière goutte dans la cavité inférieure qui doit avoir sur le côté, vers le diaphragme, une ouverture par laquelle l'air s'échappe en même temps.

Baromètre animal.

Prenez une petite grenouille verte, de celles qu'on trouve dans les haies ou les charmilles, introduisez-la dans une carafe de verre blanc, dans laquelle vous mettrez auparavant de l'eau à la hauteur de quatre doigts à peu près, et un peu de terre, vous placerez aussi dans cette carafe une petite échelle de bois qui ira du fond jusqu'à la naissance du cou de la carafe. Vous couvrirez la carafe avec un parchemin que vous piquerez avec une grosse épingle pour y donner de l'air.

La grenouille se tient en haut du cou de la carafe, tant que le temps est au beau, et elle descend le long de l'échelle dans l'eau pour annoncer la pluie.

Il faut de temps en temps, comme tous les huit ou quinze jours, changer l'eau. On a vu de ces grenouilles vivre trois ans entiers, sans qu'on leur ait donné aucune nourriture.

On a vu de ces baromètres particuliers, en Champagne, sur les confins de la Lorraine, auprès de Bourbonne-les-Bains, et on en a apporté à Paris, qui ont bien soutenu le voyage dans une voiture de poste.

On tient la carafe sur une fenêtre ; mais dans les temps de gelée on la met dans l'appartement pour que l'eau ne gèle pas ; il ne faut pas la mettre sur une cheminée, ni dans un endroit trop chaud.

Jeu d'attrape.

Il est beaucoup de personnes qui font de très-jolis tours de cartes et qui se plaisent à déployer leur savoir dans les sociétés. Quand cela arrivera, voici un tour au moyen duquel vous pourrez également exciter l'étonnement à bon marché, ou mettre les rieurs de votre côté.

Dites, d'un ton grave et sérieux, que vous allez faire un tour de cartes qui surpasse tout ce qu'on a vu jusqu'à présent, puisque vous ne touchez pas les cartes.

Quand vous aurez suffisamment excité l'attention, vous vous adresserez à quelque personne de la société et vous direz · monsieur, ou madame, prenez le jeu de cartes, mêlez-les bien.. encore, posez-les sur la table... bon, coupez... remettez-les comme il faut... bien, n'y touchez plus ..

Les cartes ainsi mêlées, coupées et remises, vous vous tiendrez à l'écart et vous demanderez à la personne qui a mêlé les cartes, ou à toute autre, de quelle couleur elle veut que soit la carte qui se trouve sur toutes les autres.

Quand on vous aura répondu rouge ou noire, vous direz : retournez-là ; si le hasard veut que la carte retournée soit de la couleur demandée, vous laisserez tout le monde dans l'étonnement, et vous ne recommencerez pas, afin de rester maître de votre secret ; mais si le sort vous était contraire, et si l'on retournait une carte d'une couleur autre que celle qu'on avait désignée, ne vous déconcertez pas, affectez un air plus grave encore, prenez un ton d'importance et dites : faites bien attention, messieurs et dames, vous voyez cette carte, elle est de telle couleur, or, vous voulez quelle soit rouge (on noire), n'est-ce-pas? rien de plus facile, faites-la teindre.

La cloche magique,

Ou manière de faire venir, sous une cloche, à la place de la graine de millet, un oiseau ou ce qu'on voudra.

PRÉPARATION.

Ayez une cloche de ferblanc, faite comme elle se trouve représentée à la fig. 40, ayant environ 8 pouces de haut, sur 5 pouces de large dans sa plus grande ouverture, ayez en outre un autre vase de même métal de 5 pouces de hauteur et qui puisse entrer dans votre cloche. Faites-y pratiquer un petit rebord, comme on le voit à la fig. 41, ayez encore une autre petite boîte qui puisse entrer dans la boîte représentée à la fig. 41, qui n'ait qu'un pouce de hauteur, et que son rebord soit un peu plus grand que celui indiqué ci-dessus, et comme on la représente à la fig. 42. Il faut aussi avoir un sac assez grand pour pouvoir contenir une certaine quantité de graine de millet, (voy. la fig. 43), et un pigeon ou tout autre oiseau et votre tour sera préparé.

MANIÈRE DE FAIRE CE TOUR.

Quand vous voulez faire ce tour, représentez à une personne de la compagnie votre cloche, et donnez-la à examiner, afin qu'on soit persuadé qu'il ne s'y trouve rien qui puisse être suspect : faites aussi visiter le sac au millet, afin qu'on ne puisse s'imaginer que l'oiseau se trouve caché dedans. Alors, comme vous avez mis d'avance dans la boîte indiquée à la fig. 41, un oiseau, et que vous l'avez recouverte par celle décrite à la fig. 42, vous prenez ces deux boîtes qui n'en font plus qu'une, et vous les portez dans le sac au millet, en annonçant que c'est pour la remplir. Mais vous n'emplissez que celle de dessus, et vous posez le tout sur votre table ; alors engagez une dame à prendre dans la main une pincée de cette graine do la boîte pour achever d'éloigner tout soupçon.

EFFET.

Quand votre boîte est sur la table, couvrez-là de votre cloche, en appuyant assez fortement dessus, si les dimensions de vos boîtes ont été bien prises, la petite se trouvant du diamètre exact de la cloche, ne manquera pas de s'y engager, et, quand vous la lèverez, il ne restera plus sur la table que la boîte de la fig. 41 et l'oiseau sera prêt à sauter dehors, comme il est représenté à la fig. 44 ; ce qui paraîtra fort étonnant.

NOTA. Faites pratiquer à la boîte de la fig. 41. quelques petits trous par en bas pour ne pas risquer d'étouffer l'oiseau.

Panache électrisé.

Si l'on attache une plume de panache droite sur l'extrémité d'un conducteur électrique, ou sur un guéridon électrisé, ou qu'une personne électrisée la tienne dans sa main, on remarquera avec plaisir combien elle se gonfle, comme ses barbes s'étendent dans toutes les directions autour de sa tige, et comme elle se retire de même que la sensitive, quand quelque corps non électrisé y touche, ou qu'on présente, soit au panache, soit au conducteur, la pointe d'une épingle ou d'une aiguille.

Arbre de Diane.

Amalgamez ensemble (c'est-à-dire , mêlez au moyen de la trituration, dans un mortier de porphyre et avec un pilon de fer), deux gros de mercure bien pur, et quatre d'argent fin réduit en limaille ou en feuilles ; vous ferez dissoudre cet amalgame dans quatre onces d'esprit de nitre bien pur et médiocrement fort, et vous étendrez la solution dans environ une livre et demie d'eau distillée, que vous agiterez et conserverez dans un flacon bien bouché. Prenez une once de cette liqueur, que vous verserez dans un verre, et vous y jetterez gros comme un pois d'un amalgame de mercure et d'argent, semblable à la précédente et molle comme du beurre.

Vous ne tarderez pas à voir s'élever de dessus cette boule d'amalgame une multitude de petits filaments qui croîtront à vue d'œil, jetteront des branches, et formeront des espèces d'arbrisseaux.

Subtilités amusantes.

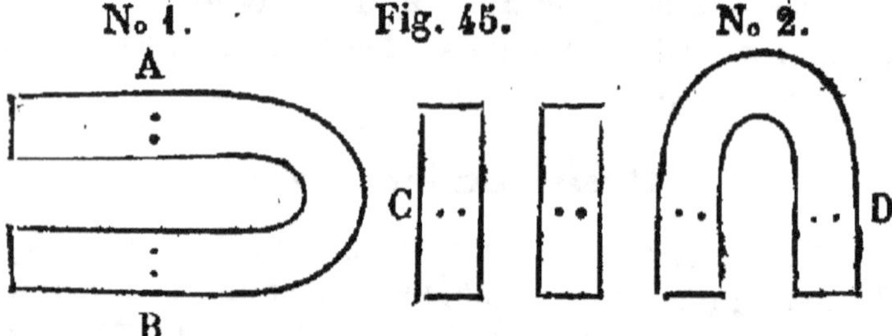

Prenez un morceau de pain et taillez-le en fer à cheval comme le nᵒ 1 (fig. 45), pariez d'en faire sept morceaux en deux coups de couteau. Pour faire cela coupez d'abord du premier coup de A en B, nᵒ 1, vous aurez trois morceaux, que vous placerez comme au nᵒ 2, et vous couperez de C en D ; il se trouvera alors les sept morceaux.

Autre subtilité.

Prenez trois morceaux de pain ou de fruit; posez trois chapeaux sur une table et pariez qu'après avoir mangé les trois morceaux, vous les ferez trouver sous celui des chapeaux qu'on vous indiquera ; il ne faut pour cela que mettre sur votre tête, le chapeau qu'on aura désigné.

Autre subtilité.

En pariant que la moitié de 9 est 4 ou 6, et que la demie de 13 est 8, vous mettez nécessairement bon nombre de parieurs contre vous; mais vous les gagnez facilement en le leur prouvant de la manière suivante,

Fig. 46.

............IX....... et ....XIII............,

toute la finesse consiste à écrire les nombres comme ci-dessus et à les plier suivant la ligne ponctuée.

La figure qu'on ne peut renverser.

La petite figure D E, portée sur le guéridon I, (fig. 47), est garnie de deux balles de plomb attachées par des fils de fer courbés, le centre de gravité du tout, qui se trouve fort au-dessous du point d'appui, soutient la figure droite et la redresse lorsqu'on la fait pencher, car le centre tend à se placer le plus bas possible, ce qu'il ne peut faire sans redresser la figure.

Nota. L'on trouvera d'autres tours d'équilibre d'après le même système dans le volume : *Anciens et nouveaux tours de physique* (page 24), qui se vend chez le même libraire.

L'omelette impossible à faire.

L'on donne à une personne du beurre, **du lard**, des œufs, une poêle et du feu, et l'on parie avec elle que, malgré que l'on n'y mettra aucun obstacle, elle ne pourra faire une omelette.

Le pari est facilement gagné, puisque l'on n'a donné que des œufs durs.

Tableau magique.

Choisissez deux morceaux de verre blanc, d'environ trois pouces de large sur quatre de long; qu'ils soient bien plans et de même grandeur; posez-les l'un sur l'autre, de manière qu'il y ait une demi-ligne d'épaisseur entre eux; fixez-les avec un mastic composé de chaux éteinte et de glaire d'œuf; couvrez les jointures avec des bandes de vessies ou de parchemin; laissez une petite ouverture pour introduire entre les deux verres la composition suivante.

Faites fondre à petit feu six onces de saindoux et environ une demi-once de cire blanche, ajoutez-y une once d'huile de lin bien claire, quand le tout est bien liquide, remplissez l'espace qui sépare les deux verres, et bouchez bien le trou.

Collez une estampe ou peinture sur un des côtés du verre, les matières ci-dessus, étant épaissies, empêcheront de le voir; mais le petit degré de chaleur leur rendra la transparence, et fera apercevoir très-distinctement l'estampe ou la peinture.

Fantasmagorie.

Les physiciens, en modifiant la construction et le jeu de la lanterne magique, l'ont transformée en un instrument capable de produire un effet beaucoup plus imposant, auquel ils ont donné le nom de fantasmagorie. Ici le mécanisme de l'opération est nul pour les spectateurs, ils n'ont devant les yeux qu'une mousseline gommée, tendue verticalement, qui est comme la toile d'un tableau où les images sont vues par transparenee. L'appartement est privé de toute autre lumière que celle qui vient d'un appareil caché derrière cette toile. Au moment où commence l'opération, on voit paraître un spectre d'abord extrêmement petit, qui, ensuite, s'accroît rapidement et semble s'avancer à grands pas vers les spectateurs; et lorsque la scène se passe dans un souterrain, tapissé en noir, et qu'un morne silence, interrompu par les sons lugubres d'un harmonica, a servi de prélude, il est difficile de se défendre d'une certaine impression de frayeur, à la vue d'un objet propre par lui-même à faire illusion et qui trouve dans l'imagination des spectateurs une place toute préparée pour des fantômes (fig. 48).

Voici ce qui se passe derrière la mousseline : soit A B, une figure de spectre peinte sur une lame de verre, et placée dans une situation renversée. Cette figure est éclairée, comme dans la lanterne magique, par la lumière d'une lampe, dont les rayons ont passé à travers une lentille qu'on supprime ici. De nouveaux rayons partis des différents points de l'image, traversent successivement deux autres lentilles, $m\,n$, $m'\,n'$, et le tout est disposé de manière que la lentille $m\,n$, ayant une position fixe, on peut en approcher et en écarter à volonté la lentille $m'\,n'$, en faisant glisser un tuyau qui porte celle-ci dans celui qu'occupe la première. De plus, l'appareil entier est mobile, en sorte qu'on est libre de faire varier les distances par rapport à la toile. La lame, de verre étant située en deçà des rayons parallèles, à une petite distance de la lentille *m n*, les deux extrémités A B, de l'objet peint sur cette lame, envoient deux cones de rayons *i* A *k*, *d* B *h*, qui, après s'être réfractés dans la lentille *m n*, en sortent sous les directions *l u*, *s c*, et *f q*, *g e*, moins divergentes ; et de plus, ces cones convergent plus fortement l'un vers l'autre, que quand ils allaient de l'objet à la lentille, ils sont reçus par l'autre lentille *m' n'* dans laquelle ils se croisent, et leurs rayons *t a*, *o a*, et *p b x b*, en sortent convergents de manière qu'ils vont peindre sur la toile *z y*, les images des points qui les ont lancés ; d'où l'on voit que l'image totale doit avoir une position droite, à cause du croisement des cones dans la seconde lentille. Il résulte d'abord de ce qui vient d'être dit que les portions de ces cones *l n c s*, *f q e g*, font entre elles un plus grand angle que dans le cas où la lentille *m' n'*, étant supprimée, les rayons envoyés par les points A B iraient immédiatement vers les lentilles *m' n'* et cette circonstance tend à augmenter, toutes choses égales d'ailleurs, les dimensions de l'image *ab*, d'une autre part, les rayons *l u*, *s c*, et *f q*, *g e*, étant moins divergents que dans le cas où la lentille *m n* n'existerait pas, leurs concours, derrière la lentille *m' n'*, se fait plus loin de ce dernier verre ; ce qui est encore une circonstance favorable à l'agrandissement de l'image, parce qu'alors il faut mettre une plus grande distance entre l'appareil et la toile.

On supplée ainsi à la petitesse de l'objet, en combinant les effets des deux lentilles, dont la première *m n*, fait prendre aux rayons qu'elle envoie vers l'autre les mêmes directions que s'ils étaient partis d'un objet beaucoup plus grand.

Concevons que les choses étant dans l'état que représente la figure 48, l'image *a b* soit nette, et que l'on veuille tout-à-coup la rendre très-petite : pour y parvenir on placera l'appareil très près de la toile $z\,y$, mais alors les cones $o\,a\,t,\,p\,b\,\infty$, étant coupés par la toile en dessous de leur sommet, l'image sera confuse. Or, supposons que l'on écarte la lentille $m'\,n'$ de la première, l'effet sera le même que si le point d'où les rayons $t\,u$, $s\,c$, ou $f\,q$, $g\,e$, sont censés partir, s'éloignait. Mais nous avons vu qu'alors les foyers $a\,b$ se rapprochent de la lentille $m'\,n'$, donc il sera possible de restituer à l'image, diminuée de grandeur, toute sa netteté.

Conceyons au contraire que l'on veuille rendre l'image beaucoup plus grande que ne le représente la figure, on écartera d'abord l'appareil de la toile : mais alors les cones $o\,a\,t,\,p\,b\,x$, auront leurs sommets en deça de cette toile, et l'image sera encore confuse. Or, supposons que l'on fasse mouvoir la lentille $m'\,n'$ vers la première ; l'effet sera le même que si le point, d'où les rayons $l\,u$, $s\,c$ ou $f\,q$ $g\,e$ sont censés partir, se rapprochait ; auquel cas les foyers $a\,b$ doivent s'écarter de la lentille $m'\,n'$, et ainsi l'image reprendra sa netteté.

Que fait donc l'opérateur ? Il dispose d'abord l'appareil à une petite distance de la toile; et lorsque l'intervalle entre les deux lentilles requis pour la netteté est à son maximun. il éloigne progressivement l'appareil, et en même temps il rapproche la lentille $m'\,n'$ de la première, et cela dans la proportion nécessaire pour que l'image qui s'accroît continuellement soit toujours distincte. Or les spectateurs, que l'obscurité empêche de s'apercevoir que le lieu de l'image ne change point à leur égard, se laissent séduire par l'illusion qui les porte à croire qu'elle s'approche d'eux, en même temps que ses dimensions augmentent ; et cette illusion à d'autant plus d'empire sur eux, que le spectre, en partant d'une petitesse qui le fait paraître d'abord comme un point, parvient rapidement à une étendue considérable et que leur imagination trompée prend cet accroissement pour l'effet d'un mouvement progressif, à l'aide duquel un objet qu'ils auraient vu, il n'y a qu'un instant dans le lointain, serait venu se placer près d'eux.

Eau qui imite le vin de champagne.

Remplissez d'eau une bouteille, chargez-la d'air, au moyen d'un soufflet ou d'une pompe refoulante, tenez la bouteille exactement fermée ; en la débouchant, l'eau s'élance et se charge en mousse blanchâtre comme le vin de Champagne ; mais elle n'en pas tout à fait la saveur.

Bouchon sorcier.

Creusez à la base d'un bouchon de liége une petite cavité ; remplissez-la de plomb. En jetant ce bouchon sur une table il se relèvera constamment ; on emploie ordinairement, dans cette expérience, de petits cylindres de moelle de sureau : rien n'est plus léger ; on peut adapter au pied la moitié d'une balle de plomb, et leur donner la forme et la couleur que l'on juge à propos.

Le volet importun.

Je ne connais rien de plus insupportable pendant la nuit, et lorsqu'on veut dormir, qu'un volet périodiquement mu par le vent et qui vient frapper contre le mur ou contre le châssis d'une croisée ; on accuse la négligence du domestique, on se relève et on fait bientôt cesser le bruit ; mais un instant après on est réveillé en sursaut par un bourdonnement horrible, la maison paraît en trembler. On se relève, on s'approche du volet ; aussitôt qu'on a levé le crochet, le malencontreux volet va frapper le mur et revient frapper le nez du patient par un mouvement alternatif, sans qu'il soit désormais possible de le faire cesser ; il en eut fallu moins pour effrayer Don Quichotte et son écuyer, faisant la veille des armes. Voici le mécanisme de ce tour : on attache au volet un fil de laiton un peu gros et on se place de l'autre côté de la rue ou dans le corps de logis opposé. En tendant cette corde de métal et en la pinçant pour la faire vibrer, son mouvement de vibration se communique au volet ; aussitôt qu'il est décroché, on le fait jouer ou vaciller avec le fil métallique qui ne peut être aperçu. Cette recréation est très-amusante.

Tour des cerises.

Voici une autre manière d'exécuter ce tour, et plus nouvelle que celle indiquée page 26 de cet ouvrage. L'on pratique dans une carte, fig. 49, deux fentes A C, B D, puis prenant un autre morceau de carte carré, fig. 50, l'on fait au milieu une ouverture ovale ou ronde E, pliant alors en deux la carte, fig. 49, et tirant à soi la bande F, on l'introduit dans l'ovale E l'on passe ensuite dans l'anneau produit, la tête d'une cerise. l'on retire la bande et les queue de cerises, elles se trouvent ainsi suspendues, et l'on ne pourra les retirer qu'en employant les mêmes moyens qu'on a pris pour les introduire.

Moyens d'empêcher de dormir.

Découpez du crin en très-petits morceaux, faites-le légèrement roussir sur une pelle de fer, au foyer ou dans un four. En répandant cette substance ainsi préparée sur le drap, celui qui se couche ressent des démangeaisons tout-à-fait semblables à celles qui sont causées par des milliers de puces.

Autre moyen.

Remplissez le traversin de paille de maïs où blé de Turquie ; renfermez-y plusieurs souris ou des insectes, tels que grillons, hannetons, etc., le bruit qu'ils occasionneront dans cette paille, naturellement bruyante, empêchera infailliblement de dormir.

La lampe perpétuelle.

Faites dissoudre dans de l'huile d'olive une petite quantité de camphre et de phosphore ; servez-vous de cette huile pour alimenter une mèche dans laquelle on fait passer un fil de platine qui puise dans un flacon d'esprit de vin, suivant l'appareil décrit précédemment : si l'on éteint cette mèche, elle se rallumera aussitôt.

Prédire à plusieurs personnes celles qui mourront les premières.

On met sous un globe à pendule, dont le pied plonge dans quelques lignes d'eau, afin d'intercepter la communication de l'air, plusieurs chandelles de diverses longueurs : on les allume, celles qui sont les plus hautes s'éteignent les premières par une raison physique très-simple. On fait croire aux personnes que ces lumières représentent qu'elles mourront les premières, Ce qu'il y a de plaisant dans cette expérience, c'est que les personnes que l'on prie de désigner une chandelle choisissent les plus longues, croyant que la durée de la vie doit être en raison de cette longueur.

Croix difficiles en apparence à figurer.

Présentez trois pièces de monnaie à une personne, et dites-lui de figurer une croix avec ces pièces. La chose lui paraîtra sans doue impossible ; cependant toute la finesse consiste à tracer une croix sur la table avec les trois pièces que l'on tient entre les doigts. — Formez avec six jetons ou pièces de monnaie une croix ainsi disposée :

```
        O
      O O O
        O
        O
```

Faites remarquer qu'il y a quatre pièces dans la longueur et trois dans la largeur.

Proposez à quelqu'un de les arranger de façon qu'il y en ait quatre dans chaque bande. Il suffit, pour remplir cette condition si difficile au premier abord, de transporter le jeton d'en bas sur celui qui forme le centre des branches de la croix. On forme une croix avec treize jetons de cette manière (fig.1).

```
      O             O             O
      O             O           O O O
  O O O O O     O O O            O
      O             O             O
      O             O             O
      O             O             O
      O             O             O
      O             O             O
Fig. 1 O     Fig. 2 O             O
                         Fig. 3  O
```

On fait remarquer qu'en commençant par en bas, on trouve 9 de trois façons, soit dans la ligne perpendiculaire, soit en comptant jusqu'à l'extrémité de chaque branche de la croix. On propose, en retranchant deux jetons (fig. 2), de former une nouvelle croix qui, de même que la précédente, présente 9 dans les trois sens. L'opération se réduit, comme on le voit (fig. 3), à remonter d'un les deux jetons qui forment les branches de la croix.

Baguette divinatoire.

On présente à la compagnie une douzaine de boîtes, et l'on prie qnelqu'un de mettre secrètement dans une, une pièce de cinq francs, en argent. On fait mettre successivement ces boîtes sur une table ; ensuite, sans les ouvrir et sans les toucher, on porte sur chacune en particulier une baguette, qu'on soutient sur les deux index, et quand on arrive à celle qui contient la pièce, la baguette se met à tourner rapidement ; ce qui fait croire à plusieurs personnes que des émanations métalliques sont la cause de cette rotation.

EXPLICATION.

Chaque boîte doit avoir dans l'intérieur un double fond mobile tant soit peu éloigné du premier par l'action d'un faible ressort. Ce double fond presse le ressort en descendant d'une demi-ligne, quand il est chargé du poids de la pièce de cinq francs, et par ce petit mouvement il fait paraître au dehors un très-petit clou qui était auparavant imperceptible. C'est à l'apparition de ce clou que l'on reconnaît la présence de la pièce dans la boîte. Maintenant, pour enseigner à faire tourner la baguette, soit dans le tour dont nous venons de parler, soit dans la prétendue découverte des eaux souterraines, nous allons donner le moyen de faire soi-même les expériences faites par ceux qui se flattent d'avoir la propriété exclusive de découvrir les sources.

1o Ayez une baguette d'osier, de coudrier, ou de toute autre matière, pourvu qu'elle soit d'une grosseur uniforme, un peu flexible, bien ronde et bien polie.

2o Qu'elle ait deux pieds de longueur et ployez-la, en lui donnant la courbure d'un cercle qui aurait deux pieds de rayon.

3o pour la rendre plus pesante, et par conséquent plus propre au mouvement de rotation, adoptez-y trois viroles de métal, une dans le milieu, les deux autres à chaque extrémité.

4o Appuyez-la sur vos deux index situés horizontalement de manière que les deux points d'appui soient près des extrémités de la baguette ; vous verrez alors que le milieu sera au-dessous du niveau des deux bouts ; mais en rapprochant lentement les deux index l'un de l'autre, vous verrez le milieu de la baguette s'élever peu à peu, et les deux bouts feront la culbute. Alors, si vous remettez les deux mains dans la même position et à la même distance qu'auparavant, la baguette reprendra sa première situation.

5o C'est par ce rapprochement et par cet écartement successif de vos mains, que vous pourrez acquérir la facilité de la faire tourner avec adresse, tâchant toujours de donner à vos mains le moins de mouvement possible.

6o Pour diminuer ce mouvement de vos mains, il faut éviter les frottements, en donnant à la baguette très-peu de diamètre, et en l'appuyant sur la partie de vos doigts qui présente le moins de surface.

7o Le mouvement de vos mains peut devenir tout-à-fait insensible si, au lieu d'appuyer la baguette sur vos doigts, vous la portez sur deux fils d'archal un peu arqués, que vous tiendrez à votre main.

Ces deux fils d'archal étant bien ronds et bien polis, les points d'appui deviendront infiniments petits, et les frottements seront presque nuls.

8o Ayant pris l'habitude de faire tourner la baguette par la vibration de vos mains, si quelqu'un s'aperçoit de votre mouvement quand vous ferez des tours, et si on s'avise de vous en faire des reproches, dites que ce sont les émanations métalliques ou les vapeurs des eaux souterraines qui, en faisant tourner la baguette, vous donnent en même temps la fièvre.

9o Quand on vous proposera de découvrir de l'eau dans quelque campagne, faites hardiment tourner la baguette dans tous les endroits ou vous trouverez du gazon frais en temps de sécheresse, parce que ce sont réellement alors les vapeurs des eaux souterraines qui entretiennent ce gazon dans sa fraîcheur.

10o Quand ce moyen vous manquera, choisissez toujours de préférence l'endroit le plus profond d'une vallée, et faites-y tourner la baguette en assurant qu'il y a de l'eau, parce que c'est là que se trouve le dépôt de toutes les pluies descendues des montagnes voisines.

11o Vous pouvez faire tourner la baguette dans d'autres endroits, en assignant à peu près le degré de profondeur ou on peut trouver des eaux ; il y en a presque partout, elles circulent dans la terre comme le sang dans nos veines.

Cependant, si quelquefois il vous arrive de vous tromper, dites que, dans ce cas particulier, un courant d'air humide ou de matière électrique a produit sur vous le même effet que les vapeurs.

Si, pour vous éprouver, on vous conduit successivement sur les différentes branches d'un aqueduc dont vous ne connaissez pas la direction ; faites vous accompagner par un homme qui ait le plan de l'aqueduc, et qu'il vous fasse un petit signe, quand vous en aurez besoin, pour indiquer chaque branche en particulier.

13º Si on vous bande les yeux pour que vous ne puissiez pas apercevoir ces signes, un seul mot ou même un silence affecté de la part de votre compère, doivent vous suffire pour vous faire savoir le oui ou le non.

14º Que votre compère vous fasse quelquefois signe en glissant du pied, ou en ouvrant ingénieusement une tabatière, et qu'il affecte adroitement de prendre parti contre vous, afin qu'on le soupçonne moins d'être votre ami.

Il est facile maintenant de découvrir l'origine do l'erreur populaire sur la baguette, et de voir comment un simple tour de passe-passe a pu en imposer à tant de monde, depuis le xiiᵉ siècle jusqu'à nos jours. L'imposture, l'ignorance, la crédulité, sont les causes secondaires d'une pareille erreur ; mais la principale cause est celle-ci, si je ne me trompe : la vibration des mains est un mouvement lent et insensible, et se fait en lignes droite. Le mouvement de la baguette est au contraire très-visible et en même temps rapide et circulaire; il paraît impossible au premier abord que le second mouvement soit un effet du premier. Or, nous disons que, lorsque des phénomènes visibles et frappants dépendent d'une cause insensible et inconnue, l'esprit humain, toujours porté au merveilleux, attribue naturellement ces effets à une cause chimérique. Voilà ce qui a fait croire que les vapeurs souterraines produisaient dans la baguette son mouvement de rotation. L'erreur ayant jeté une fois de profondes racines dans les esprits faibles, ils sont devenus entièrement sourds à la voix de la raison, et dans un siècle éclairé, nous avons vu le préjugé se répandre toujours de plus en plus, par l'industrie de gens intéressés à sa propagation.

Récréations diverses.

On fait beugler une tête de veau cuite, et servie sur la table, en plaçant sous sa langue une grenouille que la chaleur fait croasser.

On trouble, de la manière la plus désagréable, le sommeil d'une personne en plaçant sous son lit un coq sous un chaudron de cuivre : quand au point du jour cet animal se met à chanter, il fait un bruit capable de réveiller Epiménides.

On met une personne dans un fâcheux embarras en lui présentant une chaise dans le coussin de laquelle sont cachés cinq à six de ces petits soufflets criards dont sont toujours amplement fournis les marchands de jouets d'enfants.

Suspendez des pincettes de cheminée à une ficelle, roulez-en les deux bouts autour de l'extrémité des doigts index, et bouchez ensuite vos oreilles, en frappant les pincettes contre un corps, elles rendront un son qui, transmis à l'ouïe, paraît infiniment plus fort et plus éclatant, et singulièrement varié.

Une personne couchée, ayant les pieds et la tête posés sur deux chaises en équilibre chacune sur les deux pieds de derrière peut recevoir, sur la poitrine et le ventre, chargés d'une masse de fer, les coups de marteau les plus vigoureux sans en être incommodée : ces coups s'amortissent en portant sur une base de sustentation mobile et vacillante.

Boîte au noir.

On met dans une boîte une pièce de monnaie ; on la fait sonner, puis on propose à une personne de la société de faire sortir cette pièce de la boîte, en soufflant dedans par une petite ouverture : ce souffle fait jaillir deux jets de noir de fumée qui lui salit la figure.

On imite parfaitement le gazouillement des oiseaux avec un sifflet à pompe, c'est-à-dire à manche creux, contenant un piston, que l'on élève ou qu'on abaisse, suivant que l'on veut obtenir des sons plus ou moins aigus.

La cage et l'oiseau.

Coupez un rond de carton ferme et léger ; d'un côté, dessinez une cage, et, de l'autre, un oiseau sur son bâton, à peu près à l'endroit correspondant à celui où il percherait dans la cage. Ce disque doit être tenu dans une position verticale, sur un axe qui permette de lui imprimer un mouvement très-rapide de rotation. Si la vitesse est très-rapide, les deux dessins se confondront et l'oiseau semblera être dans la cage.

FIN

TABLE

FIN DE LA TABLE

Paris, imprimerie de Ch. Bonnet et Comp., 42, rue Vavin.